LA FAMILLE EN DÉSORDRE

Paru dans Le Livre de Poche :

HISTOIRE DE LA PSYCHANALYSE EN FRANCE
suivi de JACQUES LACAN
(*La Pochothèque*)

Collection dirigée par Jean-Paul Enthoven

ÉLISABETH ROUDINESCO

La famille en désordre

Postface inédite de l'auteur

FAYARD

© Librairie Arthème Fayard, 2002.
ISBN : 978-2-253-08476-1 – 1re publication LGF

Avant-propos

Les récents débats sur le pacs[1] ont mis au jour une situation inédite à laquelle ni les anthropologues, ni les psychanalystes, ni les philosophes, ni les sociologues, ni les historiens n'avaient réellement songé : pourquoi donc des homosexuels, hommes et femmes, manifestent-ils un tel désir de se normaliser, et pourquoi revendiquent-ils le droit au mariage, à l'adoption et à la procréation médicalement assistée ? Que s'est-il donc passé depuis trente ans dans la société occidentale pour que des sujets qualifiés tour à tour de sodomites, d'invertis, de pervers ou de malades mentaux aient désiré, non pas seulement être reconnus comme des citoyens à part entière, mais adopter l'ordre familial qui avait tant contribué à leur malheur ?

Pourquoi ce *désir de famille* alors même que l'homosexualité a toujours été rejetée de l'institution du

---

[1]. Le pacte civil de solidarité est entré en vigueur en France par une loi votée le 15 novembre 1999. Il permet à des couples (homosexuels ou hétérosexuels) de légaliser leur union par un contrat spécifique, mais il n'ouvre pas le droit à l'adoption d'enfants ou à la procréation médicalement assistée.

mariage et de la filiation, au point de devenir, au cours des siècles, le signifiant majeur d'un principe d'exclusion ?

En 1973, la revue *Recherches* publiait un numéro spécial intitulé « Trois milliards de pervers ». Contre les préjugés de toutes sortes, des philosophes, des écrivains, des psychanalystes revendiquaient pour les homosexuels un droit à la différence, soulignant que la « machination homosexuelle entre en rupture avec toute forme d'adéquation possible à un pôle parental repérable [...]. Nous disons simplement, ajoutaient-ils, que parmi quelques autres, l'homosexuel peut être, peut devenir le lieu d'une rupture libidinale majeure dans la société, un des points d'émergence de l'énergie révolutionnaire désirante dont le militantisme classique reste déconnecté. Nous ne perdons pas de vue pour autant qu'il existe aussi une folie d'asile infiniment malheureuse, ou une homosexualité infiniment honteuse et misérable[1]. »

Les signataires se voulaient les héritiers de la longue histoire de la *race maudite,* magnifiquement incarnée à leurs yeux par Oscar Wilde, Arthur Rimbaud, Marcel Proust. La singularité d'un destin, fût-il celui de l'*anormalité,* leur semblait préférable à la plongée dans la monotonie d'une vie académique et sans éclats. Ils en appelaient à « nos amants les Berbères » contre toute forme d'oppression familiale, coloniale, sexuelle.

La famille était alors contestée, rejetée, déclarée

---

1. *Recherches,* mars 1973. Parmi les participants, on trouvait les noms de Gilles Deleuze, Michel Foucault, Jean Genet, Félix Guattari, etc.

funeste à l'épanouissement du désir et de la liberté sexuelle. Assimilée à une instance colonisatrice, elle semblait transporter tous les vices d'une oppression patriarcale, interdisant aux femmes la jouissance de leurs corps, aux enfants celle d'un autoérotisme sans entraves, aux marginaux le droit de déployer leurs fantasmes et leurs pratiques perverses. Œdipe était alors, avec Freud, Melanie Klein et Lacan, considéré comme le complice d'un capitalisme bourgeois dont il fallait se libérer sous peine de retomber sous le joug du conservatisme. L'antiœdipianisme faisait fureur[1], s'appuyant d'ailleurs sur la grande tradition des utopistes ou des libertaires qui, de Platon à Campanella, avaient rêvé d'une possible abolition de la famille[2].

Aujourd'hui, de telles déclarations sont jugées obsolètes par les intéressés, et même hostiles à la nouvelle morale civilisée en quête de norme et de familialisme retrouvé. Car il semble bien que l'accès tant attendu à une juste égalité des droits en matière de pratiques sexuelles – pour les femmes, pour les enfants, pour les homosexuels – ait eu pour contrepartie, non pas la proclamation d'une rupture avec l'ordre établi, mais une

---

1. L'antiœdipianisme s'appuyait sur l'ouvrage de Gilles Deleuze et Félix Guattari *L'Anti-Œdipe. Capitalisme et schizophrénie*, Paris, Minuit, 1972. A ce sujet, on se reportera au chapitre VII du présent ouvrage : « La puissance des mères ».
2. « Les femmes de nos guerriers, écrit Platon, seront communes toutes à tous : aucune d'entre elles n'habitera en particulier avec aucun d'entre eux. De même, les enfants seront communs et les parents ne connaîtront pas leurs enfants, ni ceux-ci leurs parents. » (*La République,* Paris, Gallimard, coll. « Bibliothèque de la Pléiade », 1950, p. 415.)

forte volonté d'intégration à une norme autrefois honnie et source de persécution.

En même temps, jamais le sexe n'a été autant étudié, codifié, médicalisé, étalé, mesuré, expertisé. Les multiples enquêtes et expertises contemporaines sur la famille ou sur l'état des familles ont pour corollaire de nouvelles études sexologiques sur les couples et les accouplements les plus sophistiqués. Les descriptions prosaïques des diverses pratiques sexuelles fleurissent en lieu et place d'une parole sur le sexe, rebelle ou intime. Aussi viennent-elles conforter le formidable intérêt que notre époque porte aujourd'hui à une forme inédite de pornographie que l'on peut qualifier de puritaine, dans la mesure où elle livre une classification froide, minutieuse et presque botaniste des différentes exhibitions du sexe : dans la littérature, dans la peinture, dans l'art cinématographique.

Associé à ce phénomène, le grand désir de normativité des anciennes minorités persécutées sème le trouble dans la société. Chacun redoute en effet qu'il ne soit rien d'autre que le signe d'une décadence des valeurs traditionnelles de la famille, de l'école, de la nation, de la patrie, et surtout de la paternité, du père, de la loi du père et de l'autorité sous toutes ses formes. En conséquence, ce n'est plus la contestation du modèle familial qui dérange les conservateurs de tous bords, c'est au contraire la volonté de s'y soumettre. Exclus de la famille, les homosexuels d'autrefois étaient au moins reconnaissables, identifiables, marqués, stigmatisés. Intégrés, ils n'en deviennent que plus dangereux parce que moins visibles. Tout se passe comme s'il fallait traquer en eux l'ineffable, l'identique ou la différence abolie. D'où cette terreur d'une fin du père, d'un naufrage de l'autorité ou d'une puissance illimitée du maternel, qui a envahi le corps social au moment même où le clonage semble menacer l'homme d'une perte de son identité.

Sans ordre paternel, sans loi symbolique, la famille mutilée des sociétés postindustrielles serait, dit-on, pervertie dans sa fonction même de cellule de base de la société. Elle serait livrée à l'hédonisme, à l'idéologie du « sans tabou ». Monoparentale, homoparentale, recomposée, déconstruite, clonée, générée artificiellement, attaquée de l'intérieur par de prétendus négateurs de la différence des sexes, elle ne serait plus capable de transmettre ses propres valeurs. En conséquence, l'Occident judéo-chrétien et, pis encore, la démocratie républicaine seraient menacés de décomposition. D'où la permanente évocation des catastrophes présentes et à venir : les professeurs poignardés, les enfants violeurs et violés, les voitures incendiées, les banlieues livrées au crime et à l'absence de toute autorité.

Notre époque génère ainsi, à propos de la famille, un trouble profond, dont le désir homosexuel, devenu désir de normativité, serait, selon moi, l'un des révélateurs, au moment même où les pouvoirs du sexe semblent n'avoir jamais été aussi étendus, au cœur d'une économie libérale qui tend toujours davantage à réduire l'homme à une marchandise.

C'est à percer le secret de ces troubles de famille que j'ai consacré cet essai.

Fondée pendant des siècles sur la souveraineté divine du père, la famille occidentale a été défiée, au XVIIIe siècle, par l'irruption du féminin. C'est alors qu'elle s'est transformée, avec l'avènement de la bourgeoisie, en une cellule biologique qui accordait à la maternité une place centrale. Le nouvel ordre familial parvint à endiguer la menace que représentait cette irruption du féminin, au prix de la mise en cause de l'ancienne puissance patriarcale. A partir du déclin de celle-ci, dont Freud se fit le témoin et le principal théoricien en revisitant l'histoire d'Œdipe et d'Hamlet, s'amorça un processus d'émancipation qui permit aux femmes d'affirmer leur différence, aux enfants d'être regardés comme des sujets et aux « invertis » de se normaliser. Ce mouvement généra une angoisse et un désordre spécifiques, liés à la terreur de l'abolition de la différence des sexes, avec, au bout du chemin, la perspective d'une dissolution de la famille.

Dans ces conditions, le père est-il condamné à n'être plus qu'une fonction symbolique ? Doit-il s'obstiner à revêtir les oripeaux du patriarche d'autrefois, comme le voudraient les conservateurs ? Doit-il au contraire se transformer en un éducateur bienveillant, comme le souhaitent les modernistes ? Si le père n'est plus le père, si les femmes maîtrisent entièrement la procréation et si les homosexuels ont le pouvoir de se faire une place dans le processus de la filiation, si la liberté sexuelle est à la fois illimitée et codifiée, transgressive et normalisée, peut-on dire que l'existence de la famille en est pour autant menacée ? Assistons-nous à la naissance d'une toute-puissance du « maternel » qui viendrait définitivement anéantir l'ancien pouvoir du masculin et du « paternel » au profit d'une société communautariste menacée par deux grands spectres : le culte de soi et le clonage ?

Telles sont les questions soulevées par ce livre.

1

Dieu le père

On sait, comme le soulignait Claude Lévi-Strauss en 1956, que « la vie familiale se présente pratiquement partout dans les sociétés humaines, même dans celles dont les coutumes sexuelles et éducatives sont très éloignées des nôtres. Après avoir affirmé, pendant environ cinquante ans, que la famille, telle que la connaissent les sociétés modernes, ne pouvait être qu'un développement récent, résultat d'une longue et lente évolution, les anthropologues penchent maintenant vers la conviction opposée, à savoir que la famille, reposant sur l'union plus ou moins durable et socialement approuvée d'un homme, d'une femme et de leurs enfants, est un phénomène universel, présent dans tous les types de sociétés[1] ».

---

1. Claude Lévi-Strauss, « La famille », in *Claude Lévi-Strauss. Textes de et sur Claude Lévi-Strauss,* réunis par Raymond Bellour et Catherine Clément, Paris, Gallimard, 1979, p. 95. Cf. également Jack Goody : « On ne connaît pratiquement aucune société dans l'histoire du genre humain où la famille élémentaire (nucléaire) n'ait

C'est donc en ce qu'elle unit un homme et une femme, c'est-à-dire un être de sexe masculin et un autre de sexe féminin, que la famille est un phénomène universel qui suppose une *alliance* d'un côté (le mariage), une *filiation* de l'autre (des enfants)[1].

Après avoir souligné que l'universalité de la famille repose sur cette conception *naturaliste* de la différence des sexes, Claude Lévi-Strauss corrige l'effet dogmatique que pourrait produire l'adhésion à cette évidence en ajoutant qu'une autre condition est nécessaire à la création de la famille : l'existence préalable, dit-il, de « deux autres familles, l'une prête à fournir un homme, l'autre, une femme, qui par leur mariage en feront naître une troisième et indéfiniment ». Cette précision attire notre attention sur le fait que deux approches du phénomène familial sont possibles. La première, sociologique, historique ou psychanalytique, privilégie l'étude verticale des filiations et des générations en insistant sur les continuités ou les distorsions entre les parents

---

joué un rôle important, dans l'immense majorité des cas comme groupe résidant dans le même foyer. » (*La Famille en Europe*, Paris, Seuil, 2001, p. 12-15). On a recensé de quatre mille à cinq mille sociétés dans le monde depuis les premières études d'Hérodote. Dans chacune d'elles, la famille conjugale est présente.

1. Sur ce point, Françoise Héritier se situe dans la droite ligne de l'enseignement de son maître, Claude Lévi-Strauss, quand elle affirme que « l'observation de la différence des sexes est au fondement de toute pensée, qu'elle soit traditionnelle ou scientifique ». A cela elle ajoute qu'il existe une domination ancestrale du masculin sur le féminin, qui n'a pu être « ébranlée au XXe siècle que par l'avènement pour les femmes de la maîtrise de la fécondation ». (*Masculin/féminin. La Pensée de la différence,* Paris, Odile Jacob, 1996.)

et les enfants ainsi que sur la transmission des savoirs et des attitudes hérités d'une génération à l'autre. La seconde, plus anthropologique, s'occupe surtout de la description horizontale, structurale ou comparative des alliances, en soulignant que chaque famille provient toujours de l'union – et donc de l'éclatement – de deux autres familles. Dans un cas, on emploiera plus volontiers le mot « famille », et dans l'autre celui de « parenté »[1].

Quoi qu'il en soit, et c'est Lévi-Strauss qui poursuit, « ce qui différencie réellement l'homme de l'animal, c'est que, dans l'humanité, une famille ne saurait exister sans société, c'est-à-dire sans une pluralité de familles prêtes à reconnaître qu'il existe d'autres liens que ceux de la consanguinité, et que le procès naturel de la filiation ne peut se poursuivre qu'à travers le procès social de l'alliance[2] ». De là découlent d'une part la pratique de l'*échange*[3], qui définit la manière dont s'établissent les liens matrimoniaux entre les groupes

---

1. Claude Lévi-Strauss, « Préface », in *Histoire de la famille* (1986), 3 vol., sous la direction de André Burguière, Christiane Klapisch-Zuber, Martine Segalen et Françoise Zonabend, vol. I, Paris, Le Livre de Poche, coll. « Références », 1994, p. 10. J'utilise en ce sens les deux termes dans la suite du présent ouvrage.

2. *Ibid.*, p. 119. Cf. également Françoise Héritier, *L'Exercice de la parenté,* Paris, Gallimard/Seuil, coll. « Hautes études », 1981.

3. La notion d'échange a pris une grande importance en anthropologie depuis la publication par Marcel Mauss en 1924 de son « Essai sur le don : forme et raison de l'échange dans les sociétés archaïques », in *Sociologie et anthropologie,* Paris, PUF, 1950. Voir aussi Claude Lévi-Strauss, *Les Structures élémentaires de la parenté* (1949), Paris, Mouton, 1967.

sociaux – et notamment la circulation des femmes –, et de l'autre la nécessité de la prohibition de l'inceste, laquelle suppose que les familles « peuvent s'allier uniquement les unes aux autres et non chacune pour son compte, avec soi[1] ».

Si cette prohibition est nécessaire à la constitution de la famille, c'est qu'intervient, au-delà du primat *naturel* induit par la différence sexuelle (l'union d'un homme et d'une femme), un autre ordre de réalité qui, cette fois, ne relève pas d'un fondement biologique. Et en effet, si l'institution de la famille repose sur l'existence d'une différence anatomique, elle suppose aussi, à part égale, l'existence d'un autre principe différentiel, dont l'application assure, dans l'histoire de l'humanité, le passage de la nature à la culture. La prohibition de l'inceste est donc aussi nécessaire à la création d'une famille que l'union d'un sexe mâle à un sexe femelle.

Construction mythique, la prohibition est liée à une fonction symbolique. Elle est un fait de culture et de langage qui interdit à des degrés divers les actes incestueux du fait même qu'ils existent dans la réalité. Aussi permet-elle de différencier le monde animal du monde humain en arrachant une petite part de l'homme à ce continuum biologique qui caractérise le destin des mammifères. Dans ces conditions, la famille peut être considérée comme une institution humaine doublement universelle puisqu'elle associe un fait de culture, construit par la société, à un fait de nature, inscrit dans les lois de la reproduction biologique. Il convient toutefois

---

1. Françoise Héritier, *Masculin/féminin, op. cit.*, p. 119.

de noter que si la prohibition de l'inceste (entre mère et fils et père et fille) semble bien être, à quelques exceptions près[1], l'un des invariants majeurs de la double loi de l'alliance et de la filiation, elle n'a pas toujours été interprétée de la même manière selon les sociétés et les époques[2]. Ainsi le mariage entre proches parents (cousins, cousines, frères, sœurs, belles-sœurs, etc.) fut-il largement admis dans les civilisations antiques, avant d'être interdit par l'Église chrétienne[3].

L'existence de ces deux ordres, où se mêlent une multitude de différences liées aux coutumes, aux mœurs, aux représentations, au langage, à la religion, aux conditions géographiques et historiques, est à la source d'une formidable richesse d'expériences humai-

1. Cf. Christian Jambet, « Morale de l'inceste et inceste moral. L'Iran mazdéen », *La Revue des Deux Mondes,* mai 2001, p. 124-130.

2. Quand on parle de l'universalité de la prohibition de l'inceste, on vise en général l'inceste entre ascendants et descendants (père/fille, mère/fils) et non pas les autres formes de relations incestueuses, qui ne font pas l'objet de la même prohibition dans l'ensemble des sociétés humaines. Aujourd'hui, dans les sociétés démocratiques, l'acte incestueux entre adultes est réprouvé et toujours vécu comme une tragédie, et donc comme un interdit « intériorisé », mais il n'est pas puni en tant que tel si aucune plainte n'est déposée par l'un des partenaires. Seuls sont sanctionnés la pédophilie (incestueuse ou non), le détournement de mineur, le viol, l'exhibitionnisme ou l'atteinte à la pudeur. Le mariage incestueux est interdit par la loi, et aucune filiation n'est admise pour un enfant issu d'une telle relation. Seule la mère peut le reconnaître en le déclarant de père inconnu.

3. Selon Jack Goody, ce fut l'institution du mariage chrétien et sa réglementation définitive au XIIe siècle qui mirent fin en Europe aux unions entre parents proches en les regardant désormais comme « incestueuses ». Cf. *La Famille en Europe, op. cit.,* p. 49-71.

nes. C'est pourquoi, interrogé par un sociologue sur la position que devrait prendre l'anthropologie, en tant que discipline, sur la question des nouvelles formes d'organisation de la famille, Lévi-Strauss a répondu ceci : « L'éventail des cultures humaines est si large, si varié (et d'une manipulation si aisée) qu'on y trouve sans peine des arguments à l'appui de n'importe quelle thèse. Parmi les solutions concevables aux problèmes de la vie en société, l'ethnologue a pour rôle de répertorier et décrire celles qui, dans des conditions déterminées, se sont révélées viables[1]. »

Si l'éventail des cultures est assez large pour permettre une variation infinie des modalités de l'organisation familiale, on sait bien, et Lévi-Strauss le dit clairement, que certaines solutions sont durables et d'autres pas. Autrement dit, il faut bien admettre que c'est à l'intérieur des deux grands ordres du biologique (différence sexuelle) et du symbolique (prohibition de l'inceste et autres interdits) que se sont déployées pendant des siècles, non seulement les transformations propres à l'institution familiale, mais aussi les modifications du regard porté sur elle au fil des générations.

Il ne suffit donc pas de définir la famille d'un simple point de vue anthropologique, encore faut-il savoir quelle est son histoire et comment se sont aménagés les changements qui caractérisent le désordre dont elle semble atteinte aujourd'hui.

---

1. Cité par Éric Fassin, « La voix de l'expertise et les silences de la science dans le débat démocratique », *in* Daniel Borillo, Éric Fassin et Marcela Iacub, *Au-delà du pacs. L'expertise familiale à l'épreuve de l'homosexualité,* Paris, PUF, 1999, p. 110.

Le mot même recouvre différentes réalités. En un sens élargi, la famille fut toujours définie comme un ensemble de personnes liées entre elles par le mariage et la filiation, ou encore par la succession des individus descendant les uns des autres : un *genos,* une lignée, une race, une dynastie, une maison, etc.[1] Pour Aristote, opposé sur ce point à Platon[2], elle se définit comme une communauté (*oikia* ou *oikos*) servant de base à la cité (*polis*). Loin de constituer un groupe, elle est organisée en une structure hiérarchisée, centrée sur le principe de la domination patriarcale. Trois types de relations, dites « élémentaires », lui sont constitutives : le rapport entre le maître et l'esclave, l'association entre le mari et l'épouse, le lien entre le père et les enfants. En conséquence, l'*oikia* se révèle indispensable à la vie en société, puisque toute cité se compose de familles et qu'une cité, privée d'elles, serait menacée de sombrer dans l'anarchie.

Quant à la famille conjugale dite « nucléaire » ou « restreinte », telle que nous la connaissons aujourd'hui en Occident, elle est l'aboutissement d'une longue évolution – du XVIe au XVIIIe siècle – au cours de laquelle le noyau père-mère-enfant(s), dont parle Lévi-Strauss, s'est détaché de ce qui constituait autrefois *les familles* :

---

1. Cf. Jean-Louis Flandrin, *Familles. Parenté, maison, sexualité dans l'ancienne société* (1976), Paris, Seuil, coll. « Points », 1984, p. 10-11 ; et Françoise Zonabend, « De la famille. Regard ethnologique sur la parenté et la famille », in *Histoire de la famille,* vol. I, *op. cit.,* p. 19-101.

2. Aristote, *Politique,* vol. I, Paris, Vrin, 1955. Cf. également page 143 du présent ouvrage.

un ensemble, une maisonnée, un groupe, qui incluait les autres parents, les proches, les amis, les domestiques. Néanmoins, cette structure nucléaire de base[1] semble avoir existé en Europe dès le Moyen Age, bien avant de devenir le modèle dominant de l'époque moderne.

On peut distinguer trois grandes périodes dans l'évolution de la famille. En un premier temps, la famille dite « traditionnelle » sert avant tout à assurer la transmission d'un patrimoine. Les mariages sont alors arrangés entre les pères sans que soit prise en compte la vie sexuelle et affective des futurs époux, unis en général à un âge précoce. Dans cette optique, la cellule familiale repose sur un ordre du monde immuable et tout entier soumis à une autorité patriarcale, véritable transposition de la monarchie de droit divin. En un deuxième temps, la famille dite « moderne » devient le réceptacle d'une logique affective dont le modèle s'impose entre la fin du XVIIIe siècle et le milieu du XXe. Fondée sur l'amour romantique, elle sanctionne par le mariage la réciprocité des sentiments et des désirs charnels. Mais elle valorise aussi la division du travail entre les époux, tout en faisant de l'enfant un sujet dont la nation est chargée d'assurer l'éducation. L'attribution de l'autorité devient alors l'enjeu d'un partage incessant entre l'État et les parents, d'une part, entre les pères et les mères, de l'autre. Enfin, à partir des années 1960, s'impose la famille dite « contemporaine » – ou « postmoderne » – unissant, pour une durée relative,

---

1. Notamment dans l'Europe du Nord, du Centre et de l'Ouest. Cf. André Burguière et François Lebrun, « Les cent et une familles de l'Europe », in *Histoire de la famille,* vol. III, *op. cit.,* p. 21-123.

deux individus en quête de relations intimes ou d'épanouissement sexuel. La dévolution de l'autorité devient alors de plus en plus problématique au fur et à mesure de l'augmentation des divorces, des séparations et des recompositions conjugales[1].

Que cette ultime organisation familiale soit le symptôme de l'importance que le XIXe siècle attribuait à la *vie privée,* ou que celle-ci se soit imposée comme objet d'étude du fait de ce mouvement importe peu au regard du fait lui-même, véritable bouleversement qui se produisit dans la société occidentale autour de 1850[2]. La sphère du *privé,* comme le souligne Michelle Perrot[3], émergea alors d'une zone « obscure et maudite » pour devenir le lieu d'une des expériences subjectives majeures de notre époque.

Parallèlement, à la description littéraire et historique de la famille – ou de la vie des familles – se substitua, entre 1861 et 1871, une approche structurale des systèmes de parenté mise en œuvre par les nouvelles sciences humaines : sociologie, anthropologie, psychologie. Et la transformation du regard porté sur cette réalité eut pour conséquence de valoriser la prise en compte de fonctions symboliques – règles de l'alliance,

---

1. On trouvera une bonne synthèse de l'évolution de la famille en Occident dans les différents ouvrages de François de Singly, notamment *Le Soi, le couple et la famille,* Paris, Nathan, 2000. Cf. aussi Claudine Attias-Donfut, Nicole Lapierre et Martine Segalen, *Le Nouvel Esprit de famille,* Paris, Odile Jacob, 2002.

2. Cette question divise encore les historiens.

3. Michelle Perrot, « Introduction », *in* Philippe Ariès et Georges Duby (éd.), *Histoire de la vie privée. De la Révolution à la Grande Guerre,* t. IV, Paris, Seuil, 1987, p. 9.

de la filiation ou de la germanité[1] – au détriment d'une approche plus traditionaliste centrée sur l'étude des origines mythiques de la puissance paternelle, du patriarcat ou du matriarcat.

A l'époque moderne, la famille occidentale cessa donc d'être conceptualisée comme le paradigme d'une vigueur divine ou étatique. Repliée sur les défaillances d'un sujet en souffrance, elle fut de plus en plus désacralisée tout en demeurant, paradoxalement, l'institution humaine la plus solide de la société.

A la famille autoritaire de jadis, à celle, triomphale ou mélancolique, de naguère, succéda la famille mutilée d'aujourd'hui, faite de blessures intimes, de violences silencieuses, de souvenirs refoulés. Ayant perdu son auréole de vertu, le père, qui la dominait, donna alors une image inversée de lui-même, laissant apparaître un moi décentré, autobiographique, individualisé, dont la psychanalyse tentera d'assumer, tout au long du XXe siècle, la grande brisure.

Héroïque ou guerrier, le père du temps jadis est l'incarnation familiale de Dieu, véritable roi thaumaturge, maître des familles. Héritier du monothéisme, il

---

[1]. On appelle germanité les relations entre frères et sœurs (ou germains) sans distinction de sexe. Sur la naissance des enquêtes concernant la parenté, on se reportera à l'étude classique de Francis Zimmermann, *Enquête sur la parenté,* Paris, PUF, 1993. C'est à Henry James Summer Maine (1822-1888), universitaire anglais, que l'on doit la première grande étude (1861) sur les relations de la famille et de la parenté : *Ancient Law. Its Connection with the Early History of Society and its Relations in Modern Ideas,* Londres, Jones Murray, 1871.

règne sur le corps des femmes et décide des châtiments infligés aux enfants.

En droit romain, le *pater* est celui qui se désigne lui-même comme le père d'un enfant par adoption, en le saisissant à bout de bras. En conséquence, la filiation biologique (*genitor*) n'est guère prise en compte si elle n'est pas suivie de la désignation par le geste ou par la parole. De ce rituel résulte la position de commandement du père au sein de la famille ainsi que la succession des rois et des empereurs dans le gouvernement de la cité.

Ainsi la paternité naturelle n'a-t-elle pas de signification en droit romain : « Tout enfant qui n'a pas été reconnu comme son fils par un homme, quand bien même il serait né de son épouse légitime et de ses œuvres, n'a pas de père. » Quant au père, il peut, s'il le veut, légitimer tout enfant naturel : « Il peut tout lui donner, comme à n'importe quel étranger, l'instituer héritier, dépouiller ses enfants légitimes à son profit, car il est le maître de sa maison. Mais il peut tout aussi bien le laisser dans l'indigence, l'ignorer complètement : cet enfant n'est pas son fils, il ne lui doit rien[1]. »

Sans abolir la paternité adoptive, le christianisme impose le primat d'une paternité biologique à laquelle doit obligatoirement correspondre une fonction symbolique. A l'image de Dieu, le père est regardé comme

---

1. Jacques Mulliez, « La désignation du père », in *Histoire des pères et de la paternité* (1990), sous la direction de Jean Delumeau et Daniel Roche, Paris, Larousse, 2000, p. 45. A propos du débat moderne sur la paternité adoptive, on se reportera au chapitre VII du présent ouvrage : « La puissance des mères ».

l'incarnation terrestre d'une puissance spirituelle qui transcende la chair. Mais il n'en demeure pas moins une réalité corporelle soumise aux lois de la nature. En conséquence, la paternité ne découle plus, comme en droit romain, de la volonté d'un homme mais de celle de Dieu qui a créé Adam pour engendrer une descendance. Seul est déclaré père celui qui se soumet à la légitimité sacrée du mariage sans lequel aucune famille n'a droit de cité.

Dès lors, le père est celui qui prend possession de l'enfant, d'abord parce que sa semence marque le corps de celui-ci, ensuite parce qu'il lui donne son nom. Il transmet donc à l'enfant un double patrimoine : celui du *sang,* qui imprime une ressemblance, celui du *nom* – prénom et patronyme –, qui attribue une identité, en l'absence de toute preuve biologique et de toute connaissance du rôle respectif des ovaires et des spermatozoïdes dans le processus de la conception. Bien entendu, le père est réputé père dans la mesure où la mère est supposée absolument fidèle. D'un autre côté, l'éventuelle infidélité du mari n'a pas d'effet dans la descendance, puisque ses « bâtards » sont conçus hors mariage et donc hors famille. En revanche, l'infidélité de la femme est littéralement impensable puisqu'elle porterait atteinte au principe même de la filiation par l'introduction secrète, dans la descendance de l'époux, d'une semence étrangère à la sienne – et donc au « sang » de la famille.

En réalité, seule la nomination symbolique[1] permet

---

1. Il existe plusieurs modalités de la transmission du nom du père dont on retrouve la trace aujourd'hui dans la manière d'attri-

Dieu le père

de garantir à chaque père qu'il est bien le géniteur de sa progéniture, par le sang et la semence : « A l'époque médiévale, écrit Didier Lett, la plupart des hommes sont persuadés que, lors de la conception, la semence féminine ne joue aucun rôle dans la formation de l'embryon et que seul le sperme masculin permet des vertus informatives et transmet des ressemblances[1]. »

Le père n'est donc un père procréateur qu'en tant qu'il est un père par la parole. Et cette place attribuée au verbe a pour effet à la fois de réunir et de scinder les deux fonctions de la paternité (*pater* et *genitor*), celle de la nomination et celle de la transmission du *sang* ou de la *race*[2]. D'un côté l'engendrement biologique désigne le géniteur, de l'autre la vocation discursive

---

buer à chaque premier-né le prénom du grand-père paternel et à chaque première-née le prénom de la grand-mère paternelle, et ainsi de suite. On peut aussi transmettre au fils aîné, outre le patronyme, le prénom du père ou celui du parrain.

1. Didier Lett, « Tendres souverains », in *Histoire des pères et de la paternité, op. cit.,* p. 26. La découverte expérimentale des ovaires interviendra en 1668 et celle du spermatozoïde (au microscope) en 1674. Quant au processus de fécondation, il sera établi en 1875.

2. Jusqu'au XVIIIe siècle, l'appartenance à la « race » nobiliaire était définie par les liens du sang, c'est-à-dire par l'ancienneté des ascendances et la valeur des alliances. Au siècle suivant, la bourgeoisie remplacera cette appartenance par celle des liens héréditaires, assimilés à une « race » biologique « bonne » ou « mauvaise » : « Les familles, écrit Michel Foucault, portaient et cachaient une sorte de blason inversé et sombre dont les quartiers infamants étaient les maladies ou les tares de la parentèle – la paralysie générale de l'aïeul, la neurasthénie de la mère, la phtisie de la cadette, les tantes hystériques ou érotomanes, les cousins aux mœurs mauvaises. » (*La Volonté de savoir,* Paris, Gallimard, 1976, p. 165.)

délègue au père un idéal de domination qui lui permet d'éloigner sa progéniture de la bête, de l'animalité, de l'adultère et du monde des instincts, incarné par la mère. La parole du père, dessinant la loi abstraite du *logos* et de la vérité, ne prolonge la nourriture maternelle qu'au prix de séparer l'enfant du lien charnel qui l'unit, depuis sa naissance, au corps de la mère[1].

Certes, les théologiens de l'époque médiévale se posèrent la question de savoir dans quelle mesure, au moment de l'orgasme, l'émission par la femme d'un liquide pouvait jouer un rôle dans la procréation. La semence féminine n'était-elle pas nécessaire à l'engendrement d'un enfant « normal », et, si elle faisait défaut, quel pouvait être le risque pour la descendance ? Mais toutes ces interrogations visaient moins à définir le statut d'un éventuel désir féminin dans la procréation qu'à faire du ventre maternel le réceptacle le plus fécond de la puissance paternelle, source de reproduction[2]. C'est pourquoi, dans les représentations chrétiennes de l'union conjugale, la femme est toujours montrée renversée, le dos contre terre. Elle doit se laisser passivement « labourer », tel un sillon fertile, par le pénis de l'homme. En revanche, dans les liaisons interdites, faites de « fornication » ou de plaisirs secrets, elle est arrachée à cette image pour être peinte comme dominatrice ou ensorceleuse.

L'ordre de la procréation doit respecter l'ordre du

---

1. Odile Robert, « Porter le nom de Dieu », in *Histoire des pères et de la paternité, op. cit.,* p. 145-167.
2. Jean-Louis Flandrin, *Le Sexe et l'Occident. Évolution des attitudes et des comportements*, Paris, Seuil, coll. « Points », 1981.

monde. Pénétrée par l'homme allongé au-dessus d'elle, la femme occupe sa véritable place. Mais que la position s'inverse et l'ordre du monde s'en trouvera perverti. Seule l'image de l'homme chevauchant la femme et pénétrant sa chair est réputée conforme à la norme[1].

La double thématique du père séparateur, doué de culture et de *cogito*, source de liberté et de nourriture spirituelle, et de la mère, nature exubérante faite de fluides et de substances, fut l'une des grandes composantes de la représentation judéo-chrétienne de la famille[2]. Elle sera reprise en héritage, après avoir subi de sérieuses révisions, par la philosophie des Lumières et par la psychanalyse.

Cependant, elle est déjà présente, bien que sous une autre forme, dans la tragédie grecque, dont le message sera assimilé par le christianisme.

On sait que dans la trilogie d'Eschyle *L'Orestie*, qui met en scène l'histoire de la famille des Atrides, Oreste, meurtrier de sa mère Clytemnestre, est reconnu non coupable par Apollon du crime de matricide du fait que la mère ne serait que le réceptacle du germe qu'elle a porté. « Seul le père engendre », dit Apollon au coryphée : « Elle n'est pas la mère, la femme qui

---

1. Pierre Bourdieu rapporte qu'en Kabylie le mythe de l'origine de l'amour physique décrit le passage d'une activité sexuelle anomique, où la femme est active et initiatrice, à une sexualité maîtrisée, instaurant la domination des hommes sur les femmes. Cf. *La Domination masculine,* Paris, Seuil, 1998.

2. On la retrouve chez Johann Jakob Bachofen, puis chez Sigmund Freud et Jacques Lacan. Sur ces questions, on se reportera aux chapitres suivants du présent ouvrage.

enfante celui qu'on nomme son enfant, mais la nourrice du germe qui s'enfle nouvellement semé. Enfante qui saillit. Elle, comme pour l'étranger l'étrangère, elle a sauvegardé le surgeon, s'il est de ceux que ne dommagent point les dieux. Je vais te montrer une marque de ce raisonnement : on peut être père sans une mère. Tout près de nous le témoin, le voilà : la fille de Zeus Olympien, qui n'a pas eu dans les ténèbres d'un ventre sa nourriture[1]. »

Coupable de matricide, Oreste est poursuivi par les Érinyes, qui défendent le droit de la famille en exigeant qu'à chaque génération un crime qui fait couler le « sang du même sang » soit puni par un autre crime. Issues elles-mêmes de Gaia et des gouttes de sang du pénis d'Ouranos, quand il fut châtré par son fils Cronos, ces Érinyes – ou divinités vengeresses – sont de nature animale et sacrificielle, douées d'une toute-puissance matriarcale. Face à elles, Apollon défend les liens du mariage et du patriarcat qui imposent au plus proche parent d'un homme assassiné de le venger. Aussi disculpe-t-il Oreste en affirmant qu'il est moins le fils de sa mère que de celle qui porte le germe du père. Oreste est donc, avant tout, le fils d'un père, puisque seule la puissance mâle est capable d'engendrer. C'est

---

1. Eschyle, *Les Euménides,* in *Les Tragiques grecs*, Paris, Robert Laffont, coll. « Bouquins », 2001, p. 422. Maurice Godelier a montré que chez les Baruya de Nouvelle-Guinée, le sperme valorise les hommes et le sang menstruel dévalue les femmes. Seul le sperme est capable de nourrir le fœtus et de produire le squelette. Cf. *La Production des grands hommes. Pouvoir et domination masculine chez les Baruya de Nouvelle-Guinée,* Paris, Fayard, 1982.

alors qu'intervient Athéna, fille de Zeus : « Il n'est point de mère qui m'ait engendrée ; ce qui est mâle, je l'agrée toujours – sauf pour rencontrer les noces – de tout l'élan de mon cœur, et pour sûr, je suis acquise au père. Ainsi la mort d'une femme, je ne préférerai pas lui donner du prix, quand elle a tué son mari, l'œil de sa maison[1]. »

Tout en invoquant elle aussi la suprématie du pouvoir patriarcal sur le matriarcat, Athéna sauve Oreste. Car elle condamne tout à la fois Apollon et les Érinyes qu'elle oblige à devenir des Euménides – ou divinités bienveillantes. Puis elle instaure l'Aréopage – ou tribunal des citoyens – auquel elle confie le soin de juger et de punir les crimes. Ainsi le droit de la raison et du *logos* séparateur, issu de Zeus et des Olympiens, se substitue-t-il au droit mythique et archaïque (*mythos*) des familles habitées par la démesure[2].

A travers le don du nom, et par le biais de la visibilité d'une ressemblance, le père devient donc, au Moyen Age, un corps immortel. Quand bien même sa chair est promise à la mort, il prolonge, dans le nom qui sera porté par ses descendants, le souvenir de ses ancêtres,

---

1. Eschyle, *Les Euménides, op. cit.*, p. 424.
2. C'est en tout cas le message d'Eschyle aux Athéniens en 458 av. J.-C., quand il met en scène l'histoire légendaire des Atrides. Sur la manière dont la philosophie grecque réinterprète les grands mythes et sur les relations du *mythos* au *logos*, cf. notamment Jean-Pierre Vernant, « La formation de la pensée positive dans la Grèce archaïque » (1957) et « Les origines de la philosophie » (1980), in *Id.* et Pierre Vidal-Naquet, *La Grèce ancienne*, vol I : *Du mythe à la raison*, Paris, Seuil, coll. « Points », 1990, p. 196-238.

qui, eux-mêmes, ont perpétué la mémoire de l'image originelle de Dieu le père.

Cette conception d'une paternité monolithique mais scindée en deux composantes – la chair et l'esprit, le germe et le *logos*, la nature et le *cogito* – se reflète dans la thèse médiévale des deux corps du roi qui distingue, chez le souverain, un corps personnel périssable et un corps politique éternel, dont les membres sont les sujets du royaume. Doctrine bicorporelle, cette théorie conduit à sacraliser dans le monarque de droit divin, non seulement le père, incarnation de Dieu sur terre, mais l'État lui-même, assuré de sa pérennité au-delà de la personne royale[1].

Clivé pour être mieux unifié, le principe monarchique exerce une domination sans partage sur l'ordre maternel, afin qu'aucune irruption du féminin ne puisse le déborder. Et même au XVIe siècle, quand l'absolutisme royal européen se détachera du cosmos divin, au moment des guerres de Religion, les artisans de la nouvelle souveraineté monarchique regarderont le corps des femmes comme le lieu de tous les dangers.

Ainsi Jean Bodin, théoricien du fondement profane de la royauté, range-t-il le masculin du côté de la raison et le féminin du côté de l'appétit passionnel, afin de mieux démontrer le danger qu'il y aurait à ce que les femmes soient libérées de leur assujettissement

---

1. C'est à Ernst Kantorowicz que l'on doit d'avoir étudié cette doctrine et montré qu'elle permettait de comprendre la généalogie de l'État moderne. Cf. *L'Empereur Frédéric II* (1927) et *Les Deux Corps du roi* (1957), suivis de *Histoires d'un historien, Kantorowicz*, par Alain Boureau, Paris, Gallimard, coll. « Quarto », 2000.

à l'ordre marital. A ses yeux, le féminin, source de désordre, doit être maîtrisé par les lois du mariage, comme doit être bannie la gynécocratie[1].

C'est en 1580, dans *De la démonomanie des sorciers,* que Jean Bodin s'exprime sans doute le mieux sur cette étrange frayeur. Tout comme la religion, dit-il, la famille se doit de perpétuer la souveraineté du père, et elle ne peut y parvenir qu'à condition de se libérer de l'emprise de la sorcellerie. Car la sorcière, véritable paradigme de la démesure féminine, défie en permanence son autorité en lui opposant une puissance maléfique, sexuelle, séductrice, « athéiste », source de sédition et de débauches. Aussi faut-il combattre, sans la moindre clémence, les femmes qui se livrent à des pratiques diaboliques car elles portent atteinte à la notion même de souveraineté[2].

C'est encore à une théorie du *logos* séparateur que se rattache, au milieu du XVIIe siècle, la conception de l'autorité paternelle soutenue par Thomas Hobbes dans son *Léviathan,* lequel regarde l'ordre du monde comme composé de deux principes souverains : l'état de nature, figuré par la mère, qui seule peut désigner le nom du père, et l'état d'acquisition, incarné par le père : « S'il n'y a pas de contrat, écrit-il, l'autorité est celle de

---

1. Sur la question de la gynécocratie, on se reportera au chapitre II du présent ouvrage : « L'irruption du féminin ».
2. Jean Bodin, *De la démonomanie des sorciers* (1560), Paris, Gutenberg Reprints, 1980. Cf. aussi M. Praud, « La *Démonomanie des sorciers,* fille de la *République* », in *Jean Bodin. Actes du colloque interdisciplinaire des 24-27 mai 1984,* Angers, Presses de l'université d'Angers, 1985.

la mère. Car, dans l'état de nature, là où n'existe aucune loi sur le mariage, on ne peut pas savoir qui est le père, à moins qu'il ne soit désigné par la mère. Et donc, le droit de l'autorité sur l'enfant dépend de sa volonté et, par conséquent, ce droit est le sien[1]. »

Dans l'état d'acquisition, l'autorité appartient au père qui l'exerce à la manière « d'un petit roi dans sa maison », imitant ainsi le gouvernement des hommes en politique. Mais le père n'exerce cette autorité sur l'enfant que parce que la mère a consenti aux liens du mariage. Ainsi le passage de l'état de nature à l'état politique est-il assuré par un transfert de souveraineté qui attribue au père un pouvoir issu de la force d'un désir individuel. Car c'est de la volonté de la mère que dépend, selon Hobbes, la désignation du père. Elle le reconnaît à la manière dont un sujet accepte de se soumettre au principe monarchique.

Il n'y eut sans doute jamais d'*âge d'or* de la toute-puissance paternelle, dans la mesure où les lois de la cité eurent toujours pour rôle d'imposer des limites à l'exercice de son autorité. Comme l'avait montré la tragédie de *L'Orestie*, qui récusait aussi bien les excès de la démesure paternelle que le caractère funeste de la puissance matriarcale, cette autorité risquait sans cesse de se révéler sauvage ou destructrice. La domination du père demeura donc constante jusqu'à la fin du

---

1. Thomas Hobbes, *Le Léviathan* (1651), Paris, Gallimard, coll. « Folio/Essais », 2000, traduction de Gérard Mairet, p. 325. La traduction de *dominion* par « autorité » est préférable à « domination », afin de bien marquer que le pouvoir du père n'est pas naturel mais construit, et homologue de celui du monarque.

XIXe siècle, malgré la grande fracture de la Révolution de 1789 qui lui porta un coup fatal. Cependant, les modifications qui affectèrent en permanence la tranquille assurance de ce règne donnèrent l'impression aux contemporains de chaque époque qu'elle était toujours menacée, abaissée, bafouée. D'où cette angoisse qui ne cessa de se traduire par l'évocation du mot fameux d'Horace : « Nous valons moins que nos pères et nos enfants vaudront moins que nous. »

Terrible jugement qui semblait interdire aux fils de dépasser les pères !

Viendrait le temps de la révolte qui permettrait de retourner l'oppression en son contraire. Si le père était bien, à l'image de Dieu, le dépositaire d'une parole qui ne réduisait jamais l'âme à un corps charnel, il fallait bien admettre que le fils fût à son tour capable de perpétuer, en tant que fils, l'idéal de ce *logos* que lui avait transmis le verbe paternel. Ainsi le père pouvait-il tantôt incarner une force mortifère et dévastatrice, et tantôt, au contraire, devenir le porte-parole d'une rébellion symbolique du fils contre les abus de son propre pouvoir.

La malédiction paternelle fut l'un des maîtres mots du XVIIIe siècle français. Voltaire se vanta d'être un bâtard et contesta l'autorité de celui dont il portait le nom[1]. Il condamnait autant le Dieu chrétien que le Dieu juif de l'Ancien Testament, et au père maudit pour sa dureté il opposa un père du peuple, tolérant envers

---

1. René Pomeau (éd.), *Voltaire en son temps*, vol. I : *D'Arouet à Voltaire, 1694-1734,* Oxford, Voltaire Foundation/Fayard, 1985.

les libertés religieuses, un père aimé de ses sujets, un grand homme dont le modèle était, à ses yeux, le roi Henri IV, assassiné par un fanatique.

La puissance paternelle s'en trouva amoindrie. Puisque le père maudissait sa descendance, le fils se devait de maudire le père qui avait fait de lui un libertin, esclave de la débauche, ou un égaré, contraint à l'impuissance. Endossant à son tour l'habit de père, il ne pourrait ensuite que pérenniser à l'encontre de ses propres fils la généalogie infernale de la malédiction paternelle. On ne s'étonnera donc pas de trouver la trace de cette prophétie de la déchéance répétée aussi bien dans l'œuvre majeure de Restif de La Bretonne, *La Vie de mon père,* en 1779, que dans les peintures de Greuze, les récits de Diderot[1], les essais de Rousseau ou les descriptions de filiations perverses et incestueuses imaginées par Sade[2].

---

1. En 1938, Freud remarquait que Diderot avait indiqué, en une seule phrase et un siècle avant la psychanalyse, l'importance du complexe d'Œdipe : « Si le petit sauvage était abandonné à lui-même, qu'il conservât toute son imbécillité et qu'il réunît au peu de raison de l'enfant au berceau la violence des passions de l'homme de trente ans, il tordrait le cou de son père et coucherait avec sa mère. » Cité par Freud in *L'Abrégé de psychanalyse* (Londres, 1940), Paris, PUF, 1967, p. 64.

2. Notamment dans *La Philosophie dans le boudoir* (1795), Paris, Gallimard, 1976. Sade préconise comme fondement à la République l'obligation de l'inceste, de la sodomie et du crime (au chapitre « Français, encore un effort pour devenir républicains »). Selon lui, aucun homme ne doit être exclu de la possession des femmes, mais aucun ne peut en posséder une en particulier. Les femmes ont l'obligation de se prostituer, les enfants appartiennent à la République et non pas aux parents. Aussi doivent-ils être séparés

A la figure de Dieu le père, source de malédiction, on opposa dès lors le principe d'une autorité fondée sur un contrat moral et social. Sans doute la malédiction des pères entraînait-elle les fils à maudire leurs propres fils, mais, inversement, à la tendresse paternelle pouvait aussi répondre la piété filiale[1].

Privilégiant la compassion, la famille put se transformer en une institution à laquelle, bientôt, suppléeraient d'autres instances – l'État, la nation, la patrie –, notamment quand le père serait jugé défaillant : « La plus ancienne de toutes les sociétés et la seule naturelle, écrit Rousseau, est celle de la famille. Encore les enfants ne restent-ils liés au père qu'aussi longtemps qu'ils ont besoin de lui pour se conserver. Sitôt que ce besoin cesse, le lien naturel se dissout. Les enfants, exempts de l'obéissance qu'ils devaient au père, le père, exempt des soins qu'il devait aux enfants, rentrent tous également dans l'indépendance. S'ils continuent de rester unis, ce n'est plus naturellement, c'est volontairement, et la famille elle-même ne se maintient que par convention [...]. La famille est donc, si l'on veut, le premier modèle des sociétés politiques ; le chef est l'image du père, le peuple est l'image des enfants, et tous étant

---

de leurs mères dès la naissance. Le boudoir sadien, qui se veut le modèle d'une société future, repose en outre sur l'abolition radicale de l'institution du père au profit de la collectivité des frères. En termes freudiens, on pourrait dire que Sade propose la construction d'une société fondée sur la généralisation de la perversion polymorphe : ni interdit de l'inceste, ni loi du père, ni *logos* séparateur.

1. Cf. Jean-Claude Bonnet, « De la famille à la patrie », in *Histoire des pères et de la paternité, op. cit.*, p. 253.

nés égaux et libres, n'aliènent leur liberté que pour leur utilité[1]. »

Une fois relativisée, la souveraineté de Dieu le père s'effaça lentement. Héros bourgeois, le père domestiqué succéda bientôt au héros guerrier de l'ancienne noblesse féodale. De même, à la famille chrétienne qui avait pris la suite de la famille antique en conservant une partie de ses figures tutélaires se substitua la famille des notables. Pour elle, la religion fut regardée comme un rite, une coutume, et non plus comme le lieu d'une manifestation de la foi en Dieu. Mais le pouvoir que le père avait perdu sur la scène des batailles et de la chevalerie fut aussitôt réinvesti par lui dans le théâtre de la vie économique et privée.

C'est en 1757 que la défaillance de Dieu le père fut rendue visible, pour la première fois sans doute de manière aussi nette, avec la blessure infligée à Louis XV par François Robert Damiens. Issu de la paysannerie, maltraité par son père, insolent, suicidaire et pour le moins étrange dans la façon qu'il avait de tenir des soliloques, l'homme qui porta atteinte le 5 janvier à la vie du souverain avait sans aucun doute l'esprit aussi dérangé que les deux précédents régicides[2].

---

1. Jean-Jacques Rousseau, *Du contrat social,* in *Œuvres complètes,* vol. III, Paris, Gallimard, coll. « Bibliothèque de la Pléiade », 1964, p. 352. Lynn Hunt souligne qu'au XVIIIe siècle « la plupart des Européens envisageaient leurs dirigeants comme des pères et leurs nations comme des familles au sens large ». (*Le Roman familial de la Révolution française,* Paris, Albin Michel, 1995.)

2. Sur les analogies et les différences entre Jacques Clément, François Ravaillac et François Robert Damiens, cf. Pierre Chevallier, *Les Régicides,* Paris, Fayard, 1989.

Il appartenait à la classe de ces domestiques bafoués par leurs maîtres, mais vivant dans l'ombre et dans l'intimité d'une noblesse qui les conduisait à se penser autres qu'ils n'étaient. Or, à force d'être vilipendés, chassés, séduits, utilisés, embrigadés dans les folies de ceux qui les dominaient, ils finissaient par sombrer dans la misère morale[1].

Hanté par l'idée que le royaume allait à sa perte, Damiens voulut *toucher* le roi. Et, à travers ce *toucher*, qui rappelle le geste des rois thaumaturges effleurant de leur main les écrouelles de leurs sujets, il s'agissait bien pour lui d'éveiller l'esprit du souverain, de le rappeler à la raison, de le guérir de ses vices. Par des bruits de couloir, le domestique *savait* que la France courait le danger d'être gouvernée par une femme et, pis encore, par le corps des femmes, par la passion que le roi vouait au sexe des femmes. L'emprise du féminin menaçait donc la tête du roi, l'âme du monarque, la souveraineté du royaume.

Damiens toucha le corps du roi avec la lame d'un canif et il revendiqua son geste. Contrairement aux autres régicides, il ne voulait pas tuer. Pourtant cet *acte manqué* fut pire pour la royauté qu'un meurtre réussi. Louis XV sombra dans la mélancolie. A ceux qui affirmaient que cette petite entaille ne laisserait aucune trace, il répondit : « La blessure est plus grave que vous ne croyez car elle va jusqu'au cœur, et si le

---

1. Cf. Gilles Perrault, *Le Secret du roi,* t. I, Paris, Fayard, 1992, p. 378-387 ; et Jacques Delaye, *Louis XV et Damiens,* Paris, Gallimard, 1986.

corps va bien, *ceci* va mal. » Il désigna sa tête : « Et *ceci* est impossible à guérir. »

Aux yeux de bien des historiens cet acte manqué annonce, par anticipation, le régicide légal du 21 janvier 1793 : la mort de Louis XVI après l'abolition de la monarchie, l'agonie de Dieu le père. En coupant la tête du roi, dira Balzac, la Révolution a fait tomber la tête de tous les pères de famille.

Michel Foucault a décrit l'horreur du supplice de Damiens, l'un des plus cruels de tous les temps. La résistance du corps fut telle que les chevaux s'élancèrent soixante fois avant de rompre les membres du malheureux domestique, déjà mille fois torturés. Cependant, dans son martyre, Damiens devint en quelque sorte un double du roi, enchaîné sur un lit de douleur et révélant par son corps mutilé le devenir d'une monarchie patriarcale en proie à ses terreurs[1].

Le roi n'assista pas longtemps au supplice, mais il exigea d'être informé de son déroulement dans les moindres détails. Quant aux hommes, ils détournèrent vite les yeux de la scène, tant le spectacle les révulsait. En revanche, comme le souligne Casanova, les femmes ne manifestèrent pas la même répugnance : « Et ce n'était guère cruauté de leur cœur. Elles me le dirent et j'ai dû faire semblant [*sic*] de le croire, qu'elles ne purent sentir la moindre pitié d'un pareil monstre, tant elles aimaient Louis XV[2]. »

---

1. Cf. Michel Foucault, *Surveiller et punir. Naissance de la prison*, Paris, Gallimard, 1975.

2. Giacomo Casanova de Seingalt, *Histoire de ma vie* (1822), Paris, Brockhaus et Plon, 1960, t. V, chap. III.

Nombreux furent les témoins de cette sombre fête qui conservèrent le souvenir d'un comportement féminin particulier, différent de celui des hommes, et d'une férocité presque inavouable. Une sorte de jouissance illimitée semblait pousser les femmes à regarder l'horreur sans défaillir.

L'évocation de cette spécificité féminine dans la cruauté[1] sera l'un des thèmes récurrents du discours misogyne. Et s'il a pu perdurer au fil des siècles avec une telle vigueur, c'est qu'il traduisait une peur du féminin authentiquement masculine, et plus encore une hantise de la *féminisation* du corps social qui ne fera que s'aggraver avec le déclin de la monarchie et l'abaissement de la figure du père.

---

1. Mais on en trouve déjà la trace dans les mythes grecs, comme la légende des bacchantes, ces femmes de Thèbes rendues folles par Dionysos et capables des débordements les plus frénétiques.

2

L'irruption du féminin

A la fin du XIXe siècle, au moment où Freud introduit dans la culture occidentale l'idée que le père engendre le fils qui sera son assassin, le thème de l'avènement d'une possible féminisation du corps social est déjà l'enjeu d'un débat sur l'origine de la famille. Dans cette nouvelle perspective, le père cesse d'être le véhicule unique de la transmission psychique et charnelle, et il partage ce rôle avec la mère. D'où cette phrase d'Auguste Comte, qui opère un renversement complet de la théorie médiévale des ressemblances : « Les fils sont à tous égards, et même physiquement, beaucoup plus les fils de la mère que ceux du père. » On ne s'étonnera donc pas de voir surgir dans ce contexte, et à la faveur de la diffusion des hypothèses évolutionnistes, une vaste polémique autour de la question du patriarcat et du matriarcat.

Depuis les travaux de Henry Lewis Morgan[1], le

---

1. Avocat new-yorkais, défenseur des Iroquois, Henry Lewis Morgan (1818-1881) fut l'un des fondateurs de l'anthropologie

patriarcat était défini par le discours anthropologique marqué par l'évolutionnisme comme un système juridico-politique dans lequel l'autorité et les droits sur les biens et les personnes obéissaient à une règle de filiation patrilinéaire. A ce système était opposé celui du matriarcat, selon lequel la règle de filiation matrilinéaire décidait de cette même autorité en référence à des liens généalogiques passant par les femmes[1]. Bien que ces deux systèmes n'eussent jamais existé à l'état pur, et bien qu'il fût impossible de confondre un ordre juridique avec une quelconque modalité d'exercice du pouvoir (paternel ou maternel, masculin ou féminin), l'imaginaire lié à cette bipolarité eut toujours, et de façon récurrente, force de loi. Au point d'ailleurs que l'on oubliait parfois que la domination du principe masculin sur le principe féminin avait été, de tous temps, et dans la quasi-totalité des sociétés humaines, la seule règle à partir de laquelle il était possible de construire les relations entre les sexes.

---

sociale et de l'étude des faits de parenté dans une perspective à la fois structurale et évolutionniste. Cf. *Systems of Consanguinity and Affinity of the Human Family* (1871), Oosterhout, Anthropological Publications, 1970.

1. Dans les sociétés de droit patrilinéaire, l'autorité est placée du côté du père et la tendresse est l'apanage de la mère et du frère de celle-ci. L'oncle joue ainsi un rôle « maternel », et, en cas de conflit avec le père, le fils trouve auprès de lui un réconfort. Dans les sociétés de droit matrilinéaire, le père n'est que le géniteur, et c'est l'oncle maternel qui exerce l'autorité paternelle. Cf. Françoise Héritier, « Figures du père », *La Revue des Deux Mondes*, mai 2001, p. 16-19.

Si ces deux termes – patriarcat et matriarcat – prirent une extension aussi considérable dans le discours anthropologique de la deuxième moitié du XIXᵉ siècle, ce fut moins parce qu'ils servaient à définir un mode de fonctionnement réel des sociétés que parce qu'ils rendaient compte des deux modalités de la nouvelle souveraineté bourgeoise : l'une fondée sur l'autorité paternelle, l'autre sur le pouvoir des mères. Aussi faut-il leur attribuer une fonction de sexualisation du lien social. Elles permettaient de penser l'histoire de la famille sous la catégorie, non seulement de la différence sexuelle – le masculin contre le féminin et réciproquement –, mais aussi de la contradiction entre deux formes de domination économique et psychique : paternalocentrisme d'un côté, maternalocentrisme de l'autre.

Loin de conduire au crépuscule de la paternité, l'abolition de la monarchie donna lieu, dans la société du XIXᵉ siècle, à une nouvelle organisation de la souveraineté patriarcale. Certes réintégré dans sa puissance après avoir été défait par le régicide de 1793, le père de la société bourgeoise ne ressemblait plus à un Dieu souverain. Cantonné à un territoire privé, et mis en cause par la perte de l'influence de l'Église au profit de celle de l'État, il parvint néanmoins à reconquérir sa dignité perdue en se faisant d'abord le patriarche de l'entreprise industrielle.

Communauté de travailleurs – hommes, femmes et enfants –, la famille économique, qui caractérisa l'âge d'or du paternalisme européen, puisa ses modèles dans une iconographie chrétienne dominée par la figure de Joseph, l'artisan charpentier, plus proche de son entourage que le monarque d'autrefois, qui régnait abstraitement sur le corps de ses sujets. Autocrate mais dépouillé de ses attributs divins, le *pater familias* de la collectivité industrielle eut pour mission de corriger la sauvagerie d'un capitalisme sans limites : « Le patron, comme jadis le père, écrit Alain Cabantous, défendra donc l'ouvrier contre les agressions du monde environnant en lui assurant travail et logement, il le protégera aussi contre lui-même en mettant à sa disposition des services de santé […]. Au sein de cet espace collectif et surveillé, où il impose ses pratiques sociales, le *padre-padrone* assimile vie privée et vie de travail, famille biologique et famille économique, pour mieux assurer son pouvoir[1]. » Au cœur de son foyer comme de son entreprise, ce père est un père plus réel que symbolique, et il n'est plus le maître de sa domesticité qu'en ce qu'il sait imposer des limites à l'exercice de la toute-puissance du féminin, mères et femmes confondues.

L'ordre familial économique bourgeois repose dès lors sur trois fondements : l'autorité du mari, la subor-

---

1. Alain Cabantous, « La fin des patriarches », in *Histoire des pères et de la paternité, op. cit.,* p. 338. Ce dont il s'agit ici est le modèle bourgeois de la famille. La réalité est bien éloignée d'un tel idéal, comme en témoigne le grand roman de Victor Hugo *Les Misérables* (1862), qui dénonce les trois tares que la société industrielle du XIXe siècle inflige à la famille populaire, au peuple des pauvres : la dégradation de l'homme par le prolétariat, la déchéance de la femme par la faim (et donc par la prostitution), l'atrophie de l'enfant par la nuit. (Paris, Robert Laffont, coll. « Bouquins », 2002.)

dination des femmes, la dépendance des enfants. Mais en octroyant à la mère et à la maternité une place considérable, il se donne les moyens de contrôler ce qui, dans l'imaginaire de la société, risque de déboucher sur une dangereuse irruption du féminin, c'est-à-dire sur la puissance d'une sexualité jugée d'autant plus sauvage ou dévastatrice qu'elle ne serait plus soudée à la fonction maternelle. La femme doit être avant tout une mère afin que le corps social soit en mesure de résister à la tyrannie d'une jouissance féminine susceptible, pense-t-on, d'effacer la différence des sexes.

Que la paternité ait été reconduite dans cette fonction autoritaire n'empêcha pas, cependant, qu'elle fût assujettie à toutes sortes de fragmentations. Et l'image du père dominateur céda progressivement le pas à la représentation d'une paternité éthique. Du même coup, on assista à la naissance d'une figure nouvelle de la paternité.

C'est en France, au lendemain de la Révolution de 1789, que l'État devient le garant de l'autorité paternelle. Le « droit de correction » tend alors à remplacer la coutume des lettres de cachet[1], qui avait autrefois permis aux familles d'Ancien Régime de se débarrasser à bon compte des héritiers rebelles. Mais ce droit

---

1. Les lettres de cachet furent supprimées en mars 1790. Dans le Code civil de 1804, le droit de correction est attribué au père qui, seul, exerce l'autorité pendant la durée du mariage. Les lettres de cachet permettaient à un père d'envoyer en prison son fils récalcitrant. Mirabeau en fut la victime. Cf. Michel Chaillou, *Le Matamore ébouriffé,* Paris, Fayard, 2002 ; et Arlette Farge et Michel Foucault, *Lettres de cachet des archives de la Bastille,* Paris, Gallimard, coll. « Archives », 1982.

suppose, pour être bien appliqué, que le père soit aussi un *bon père* et qu'il n'abuse point du pouvoir qui lui est octroyé, qu'il obéisse à la règle du « qui aime bien châtie bien ». Loin de détruire la famille, les révolutionnaires cherchèrent donc, au contraire, à faire d'elle le pivot de la nouvelle société. Mais comment abolir l'ordre monarchique sans remettre en cause la puissance paternelle et la légitimité du mariage sur lesquelles il reposait ? En régénérant de l'intérieur les valeurs d'autrefois afin qu'elles ne servent plus à perpétuer l'idéologie nobiliaire.

Réinvesti dans sa puissance, le père sera donc un père égalitaire, soumis à la loi et respectueux des nouveaux droits acquis en vertu de la Déclaration des droits de l'homme et du citoyen. Dans cette perspective, le mariage change de nature. Loin d'être un pacte de famille indissoluble et garanti par la présence divine, il devient un contrat librement consenti entre un homme et une femme. Reposant sur l'amour, il ne dure qu'autant que dure l'amour. Ce changement suppose le droit au divorce, instauré en 1792, aboli par la Restauration et définitivement acquis à partir de 1884. Mais il reconduit également l'idée que tout enfant – illégitime, adultérin ou abandonné – a droit à une famille, à un père, à une mère. C'est ainsi que l'on assistera, dans la société postrévolutionnaire, à une certaine actualisation des principes de la paternité adoptive[1].

C'est en 1821, dans les *Principes de la philosophie*

---

1. Sur la question de la paternité adoptive, on se reportera au chapitre VII du présent ouvrage : « La puissance des mères ».

du droit[1], que Hegel a donné la meilleure description de la relation nouvelle qui s'est ainsi instaurée entre l'individu, la société et l'État. La famille y devient, avec les corporations, l'une des structures de base de la société. Car sans elle, en effet, l'État n'aurait affaire qu'à des foules despotiques ou tribales. Garante de la moralité, elle repose sur l'institution du mariage monogame unissant, par consentement mutuel, un homme et une femme donnant l'un et l'autre la préférence à l'inclination spirituelle sur la passion sexuelle. Par le travail ou l'activité intellectuelle, le mari se confronte au monde extérieur ou à une réflexion sur le monde ou sur lui-même, alors qu'au sein du foyer son épouse, devenue mère, jouit d'une liberté authentique.

Si le père est désigné comme le chef d'une famille elle-même assimilée à une « personne morale », le patrimoine dont il représente les intérêts est, en quelque sorte, la traduction de l'exercice de son pouvoir symbolique, et seule sa mort permet à ses héritiers d'accéder, à leur tour, à ce statut. Les fils répètent la destinée des pères et les filles celle des mères.

Tout au long du XIXe siècle, l'autorité paternelle fut sans cesse revalorisée, bien qu'étant par ailleurs constamment brisée, partagée, éclatée, laïcisée. Et puisque le père devenait en France le dépositaire des institutions étatiques, et, en Europe, de la société civile, la subordination des femmes et la dépendance des enfants ne pouvaient plus être illimitées. Si le père défaillait, s'il commettait des fautes ou des injustices,

---

1. Friedrich Hegel, *Principes de la philosophie du droit* (1821), Paris, Flammarion, 1999.

il devait recevoir une sanction. C'est ainsi que la substitution du *pater familias* à la puissance de Dieu le père ouvrit la voie à une dialectique de l'émancipation dont les femmes seront les premières bénéficiaires, et les enfants après elles.

Entre l'année 1889, qui marqua en France l'entrée en vigueur des grandes lois sur la déchéance de la puissance patriarcale, interdisant aux pères indignes d'infliger à leurs enfants des châtiments injustes, et l'année 1935, durant laquelle fut définitivement abolie la correction paternelle, une représentation contradictoire de la paternité émergea en Europe, alliant le sublime, le grotesque et l'horrible. On en trouve déjà la trace chez les grands romanciers français de la Restauration et du Second Empire : c'est ainsi que Jean Valjean côtoie le père Goriot et le père Grandet. Autrement dit, à partir de 1889, et pendant un siècle, le père ne se construit comme père que parce qu'il a des obligations morales envers ceux qu'il gouverne. Son statut lui impose des contraintes et, s'il ne les observe pas, il est susceptible de sombrer dans l'indignité et de perdre son droit à être père.

Toutes ces réalités sont prises en compte dans le grand débat qui oppose, après 1860, les partisans et les adversaires du patriarcat et du matriarcat. De Morgan à Friedrich Engels, en passant par Frédéric Le Play et Johann Jakob Bachofen, la question du déclin de l'autorité paternelle et de la montée en puissance du pouvoir des femmes est envisagée de façon normative. Tantôt le règne du matriarcat est présenté comme source de chaos, d'anarchie, de désordre, et s'oppose à celui du patriarcat, synonyme de raison et de culture, tantôt il est décrit comme un paradis originel et naturel que le patriarcat aurait détruit pour instaurer son despotisme autoritaire.

Mais si l'on s'oppose sur la question de savoir quel est le meilleur système, chacun s'accorde à dire que le patriarcat est une forme tardive d'organisation sociale et qu'il a succédé à un état primitif de type matriarcal. Engels[1] voit ainsi dans l'avènement du patriarcat la grande défaite du sexe féminin et l'invention de la lutte des classes – la femme devenant, dans la famille bourgeoise, « le prolétaire de l'homme » –, alors que Bachofen, de son côté, croit en la nécessité de cette défaite. Sans elle, pense-t-il, l'humanité irait à son déclin, subvertie par la prééminence irrationnelle d'une féminité sauvage.

En France, la thématique de la peur du débordement féminin prend la forme, de Louis de Bonald à Hippolyte Taine, d'une virulente critique des idéaux égalitaires de la Révolution, auxquels on attribue la responsabilité d'un relâchement des mœurs, d'une inversion des rôles sexuels, et d'une féminisation de la société. Pour les tenants du discours contre-révolutionnaire, le divorce est « intrinsèquement pervers » et il faut en revenir à l'idéal selon lequel le mariage doit être fondé sur la dépendance des femmes envers l'autorité des pères. La restauration de la monarchie passe d'ailleurs, pour eux, par la réaffirmation de la puissance paternelle :

---

1. Friedrich Engels, *L'Origine de la famille, de la propriété privée et de l'État* (1884), Paris, Éditions sociales, 1983.

pour retirer l'État des mains du peuple, dit-on dans ces cercles, il faut ôter la famille des mains des femmes et des enfants. Ce projet échoue avec l'instauration de la république.

En 1870, Frédéric Le Play, sociologue libéral et évolutionniste, tente de concevoir un programme de préservation de la famille traditionnelle en mobilisant les moyens modernes de l'enquête et en étudiant essentiellement le monde ouvrier. Il divise la famille en trois types : la famille patriarcale, où les descendants demeurent sous la dépendance du père jusqu'à sa mort ; la famille souche, où seul l'un des enfants hérite en restant sous le toit de ses parents ; la famille restreinte, qui se réduit au couple et aux enfants. A chaque structure correspond, selon Le Play, une étape de l'évolution vers le monde moderne, qui conduit la famille à sa dissolution. Aussi voit-il dans la famille souche un modèle idéal susceptible de restaurer l'ancienne autorité patriarcale[1].

Mais c'est chez Bachofen que s'exprime de la manière la plus manifeste et la plus fascinante la grande ter-

---

1. Frédéric Le Play, *L'Organisation de la famille selon le vrai modèle signalé par l'histoire de toutes les races et de tous les temps,* Paris, Téqui, 1871. En 1983, Emmanuel Todd, s'inspirant des théories de Frédéric Le Play (1806-1882), a tenté de démontrer que les structures familiales, en tant qu'elles sont créatrices de relations codifiées entre l'individu et l'autorité, servent de fondements aux grands systèmes idéologiques et politiques de la planète. Cf. *La Troisième Planète. Structures familiales et systèmes idéologiques*, Paris, Seuil, 1983. Pour la critique des thèses de Le Play, cf. Hervé Le Bras, *Les Trois France* (1986), Paris, Odile Jacob, coll. « Opus », 1995, notamment le chapitre consacré à la politique de la famille.

reur de la possible féminisation du corps social. Dans son *Mutterrecht*[1], publié en 1861, et largement inspiré par un darwinisme flamboyant, il invente un roman familial cyclique des origines de l'humanité. En une époque lointaine, dit-il, celle-ci aurait été immergée dans une sorte d'archaïcité plongeant ses racines dans des marécages et dans une végétation luxuriante. A ce chaos des premiers temps, à ce « rhizome[2] » tellurique, Bachofen donne le nom d'hétaïrisme, période marquée par la promiscuité sexuelle et par le règne de la déesse Aphrodite. Les femmes sont alors exposées à la violence des hommes, et les enfants ne connaissent pas leurs pères.

La seconde étape, celle de la gynécocratie, marque l'installation d'un pouvoir matriarcal. Les femmes fondent la famille, inventent l'agriculture, condamnent le matricide – le crime le plus odieux – et encouragent l'éducation du corps tout en prenant la déesse Déméter pour divinité symbolique. Système fragile, la gynéco-

---

1. Partiellement traduit sous le titre *Le Droit maternel. Recherche sur la gynécocratie de l'Antiquité, sur sa nature religieuse et juridique*, Lausanne, L'Age d'homme, 1996. Cf. aussi Françoise Duroux, « Les avatars du *Mutterrecht* », *Revue internationale d'histoire de la psychanalyse,* 4, 1991, p. 523-543. Sur l'itinéraire de Bachofen, citoyen de la ville de Bâle, cf. Carl Schorske, *De Vienne et d'ailleurs,* Paris, Fayard, coll. « Histoire de la pensée », 2000.

2. Ce terme sera repris par Gilles Deleuze et Félix Guattari, qui tenteront ainsi de valoriser, contre la loi du père œdipienne, le flux d'un désir multiple, rhizomatique, pulsionnel. Cf. *L'Anti-Œdipe, op. cit.* ; et le chapitre VII du présent ouvrage : « La puissance des mères ».

cratie est sans cesse menacée par un retour du refoulé, comme en témoigne l'histoire des Amazones, ce surgissement d'un impérialisme féminin tout droit sorti de la période de l'hétaïrisme.

C'est alors qu'advient le règne du patriarcat, affirme Bachofen, qui seul peut permettre l'avènement d'une civilisation de l'esprit et du progrès. De par sa souveraineté enfin accomplie, il triomphe des maléfices de l'ordre maternel. Le père se charge de séparer l'enfant de la mère, afin de lui assurer son indépendance[1]. Mais ce régime patriarcal, si nécessaire, est toujours menacé par des réminiscences, même s'il semble solidement établi depuis des siècles. Car le souvenir refoulé du matriarcat survit toujours en lui à travers des mythes et des légendes qui hantent sa mémoire. Il faut donc le défendre et le protéger contre l'irruption du féminin.

Dans cette perspective, Bachofen interprète le mythe d'Œdipe comme la traduction de la longue histoire du *Mutterrecht*. Selon lui, le héros tue la Sphinge, symbole de l'hétaïrisme, pour instaurer à Thèbes le règne du matriarcat sous le sceptre de la reine Jocaste. Devenu le représentant d'un désordre social et d'un désastre généalogique, il conduit le régime à sa perte et à son remplacement par le patriarcat.

Toujours menacé dans ses fondements, le patriarcat l'est donc plus encore à l'aube du XXe siècle, puisque, toujours selon Bachofen, la famille bourgeoise voit alors ses privilèges entamés au profit d'un matriarcat armé de toute la force trompeuse d'une modernité aux

---

1. On retrouve ici le thème chrétien de la paternité assimilée au *cogito* ou au *logos,* que j'ai évoqué au chapitre précédent.

allures de Sphinge. Car, quel que soit son statut, la Femme, au sens du *Mutterrecht*, demeure à tout jamais l'incarnation de l'excès, de la mort, de l'inceste, de la sauvagerie, du cannibalisme. En conséquence, tout mouvement favorable à l'émancipation des femmes constitue une menace pour l'avenir du genre humain, dans la mesure où il favorise la féminisation du corps social à travers l'abolition de la différence des sexes et la généralisation de l'androgynie.

Freud partage avec Bachofen la conviction que le *logos* est d'essence masculine et que l'humanité a accompli un progrès décisif en passant du matriarcat au patriarcat, c'est-à-dire d'un monde dit « sensible » à un monde dit « intelligible ». Citant en 1909 un aphorisme de Lichtenberg, selon lequel « l'astronome sait à peu près avec la même certitude si la lune est habitée et qui est son père, mais il sait avec une tout autre certitude qui est sa mère », il souligne : « Ce fut un grand progrès de la civilisation lorsque l'humanité se décida à adopter, à côté du témoignage des sens, celui de la conclusion logique, et à passer du matriarcat au patriarcat[1]. » Dans cette perspective, Freud considère la civilisation (*Kultur*) comme « la totalité des œuvres et organisations dont l'institution nous éloigne de l'état animal de nos ancêtres et qui servent à deux fins : la protection de l'homme contre la nature et la réglementation des hommes entre eux[2] ». Autrement dit, si la famille est

---

1. Sigmund Freud, « Remarques sur un cas de névrose obsessionnelle » (1909), in *Cinq psychanalyses,* Paris, PUF, 1954, p. 251.
2. Sigmund Freud, *Malaise dans la civilisation* (1930), Paris, PUF, 1971.

pour Freud l'une des grandes collectivités humaines de la civilisation, elle ne peut prendre ses distances avec l'état animal qu'en affirmant la primauté de la raison sur l'affect, et de la loi du père sur la nature.

Néanmoins Freud ne cédera jamais à la crainte fantasmatique d'une possible féminisation du corps social. Contrairement à Bachofen, et à bon nombre de ses contemporains, il n'a jamais pensé que l'émancipation des femmes signifiait le crépuscule de la raison. Et ses emprunts à l'œuvre de Bachofen sont moins significatifs de sa conception de la famille que la relation ambiguë qu'il a entretenue avec l'*Œdipe* de Sophocle.

3

Qui a tué le père ?

L'invention de la famille œdipienne a eu un tel impact sur la vie familiale du XXe siècle, et sur l'appréhension des relations internes à la famille contemporaine, qu'il est indispensable de saisir par quel étrange cheminement Freud a pu ainsi revaloriser les anciennes dynasties héroïques afin de les projeter dans la *psyché* d'un sujet coupable de ses désirs. Comment s'est donc effectuée cette refonte qui a introduit, au cœur de la description moderne de la parenté, une mythologie du destin et de la damnation issue autant du théâtre grec et élisabéthain que de la littérature romanesque du XIXe siècle ?

Bien qu'il n'ait jamais publié le moindre ouvrage sur l'*Œdipe* de Sophocle, et bien qu'il n'ait consacré aucune étude à son fameux complexe, Freud revendiqua toujours cette invention comme un principe essentiel de la psychanalyse. Mieux encore, il ne cessa de répéter que le complexe d'Œdipe était « un fondement de la société dans la mesure où il assurait un choix d'amour normal ». C'est pourquoi, dans son dernier texte, il n'hésita pas à écrire ces mots : « La seule découverte du complexe d'Œdipe suffirait à faire ranger la psychanalyse parmi les précieuses acquisitions du genre humain[1]. »

La psychanalyse se résume-t-elle donc tout entière au thème du parricide et de l'inceste ? Est-elle donc condamnée, à en croire son fondateur, à énoncer un choix d'amour normal et à répéter la triade décrite par Nietzsche dans sa *Naissance de la tragédie* : « Œdipe, cette figure la plus douloureuse de la scène grecque [...], conçue par Sophocle comme l'homme noble et généreux, voué malgré sa sagesse à l'erreur et à la misère mais qui, par ses épouvantables souffrances, finit par exercer autour de soi une puissance magique bienfaisante, dont la force continue à se faire sentir après sa mort [...], Œdipe meurtrier de son père, époux de sa mère, vainqueur du Sphinx ! Que signifie pour nous la mystérieuse triade de ces actions fatales[2] ? »

Certes, Freud ne partageait guère les convictions de Nietzsche, mais les interrogations de celui-ci ne sont pas étrangères à sa lecture de l'œuvre de Sophocle[3]. A la suite de Hegel, de Hölderlin et de Schopenhauer, Nietzsche avait en effet remis à l'honneur, contre les prétentions positivistes des sciences et de la psycho-

---

1. Sigmund Freud, *L'Abrégé de psychanalyse, op. cit.,* p. 65.
2. Friedrich Nietzsche, *La Naissance de la tragédie* (1872), in *Œuvres,* t. I, Paris, Robert Laffont, coll. « Bouquins », 1993, p. 66.
3. Voir à ce sujet Jacques Le Rider, *Freud, de l'Acropole au Sinaï. Le retour à l'Antique des Modernes viennois,* Paris, PUF, 2002.

logie médicale, une conception du monde héritée de la Grèce archaïque et fondée sur l'opposition du dionysien et de l'apollinien. Entre la jouissance et la loi, l'homme moderne rêvé par le jeune Nietzsche devait, pour accomplir sa tâche d'éveilleur des forces vives de l'art et de la créativité, redevenir le héros de la grande scène antique des purgations. Contraint de se découvrir autre que ce qu'il croyait être, il devait renaître à lui-même en retrouvant dans sa psyché les forces telluriques du rire et de la danse, du démoniaque et du sacré.

Abandonnée pendant des siècles parce qu'elle exprimait un débordement impossible à représenter sur une scène théâtrale, la pièce de Sophocle fut alors revisitée, réinterprétée, universalisée[1]. Traduite en allemand en 1839, elle connut une nouvelle fortune en étant assimilée, à partir de 1886, à l'un de ces « drames de la fatalité » qui mettaient en scène de sombres histoires de famille, sur fond de vengeance et de décors en carton-

---

1. En 1659, Corneille renonça à transposer la pièce de Sophocle, trouvant « horrible » et « choquant » d'avoir à mettre en scène un héros en train de se crever les yeux. Quant à Voltaire, il trouva le sujet « défectueux et invraisemblable ». Aussi changea-t-il le contenu de la pièce en inventant un autre personnage pour accomplir le meurtre de Laïos. Il fit d'Œdipe, non pas le sujet d'un destin tragique, mais un homme découvrant un jour qu'il était le jouet d'un dieu despotique. A l'âge classique et au siècle suivant, l'Œdipe sophocléen fut donc regardé comme un « héros impossible » et aussi peu universel que possible : « Pour qu'Œdipe soit le héros de la révolution psychanalytique, écrit Jacques Rancière, il faut un nouvel Œdipe révoquant ceux de Corneille et de Voltaire […]. Il faut un nouvel Œdipe et une nouvelle idée de la tragédie, ceux de Hölderlin, de Hegel ou de Nietzsche. » (*L'Inconscient esthétique*, Paris, Galilée, 2001, p. 25.)

pâte. Le « destin » intervenait sous la forme d'un *deus ex machina* qui permettait en général à un couple de jeunes gens, écrasés par la puissance paternelle, de se libérer du poids d'une généalogie trompeuse. Révolte du fils contre le père, de la fille contre la mère, des adolescents contre les parents, ou encore grands-parents transformés à l'occasion en spectres : tel était bien l'argument de ce théâtre en trompe-l'œil qui se plaisait à exhiber les turpitudes de la famille bourgeoise fin de siècle.

Freud les avait en horreur. Et pourtant, témoin privilégié du grand mal des familles qui sévissait à Vienne, il ne renonça à Franz Grillparzer[1] que pour retourner à Sophocle.

Héritée des mythes fondateurs de la civilisation occidentale, l'histoire de la famille maudite des Labdacides[2] renvoyait les hommes de la fin du XIXe siècle à un malaise structural qui leur semblait corrélatif de l'abaissement de la fonction monarchique du père. Dans ce contexte, Freud put la réactualiser comme l'expression d'une sorte de crise « sacrificielle »[3] du système patriarcal. Car elle rassemblait en elle tous les signes d'une sorte de généalogie boiteuse[4] qui

---

1. Franz Grillparzer (1791-1872), dramaturge viennois, poète officiel du libéralisme et auteur d'une tragédie du destin, *L'Aïeule*, durement critiquée par Freud. Après 1848, il cultiva les valeurs de la fidélité, de la piété et du sacrifice de soi.

2. Cf. Jean Bollack, *La Naissance d'Œdipe,* Paris, Gallimard, coll. « Tel », 1995.

3. Cf. René Girard, *La Violence et le sacré,* Paris, Grasset, 1972.

4. Le thème de la boiterie a été abordé par Claude Lévi-Strauss in *Anthropologie structurale,* Paris, Plon, 1958, p. 227-254, et par

paraissait confirmer la venue de cette apocalypse tant redoutée d'un possible effacement de la différence des sexes. Plus que celles des Atrides[1] – dont on redécouvrait aussi l'histoire à la suite des fouilles qui avaient permis de localiser les sites de Troie et de Mycènes –, les structures de la parenté propres à la famille des Labdacides condamnaient en effet les femmes à ne jamais trouver leur place autrement que sous le signe de la folie, du meurtre et de la souillure. De cette infortune découlait un trouble générationnel qui se répétait à l'infini jusqu'à l'extinction de la race (*genos*).

Fondateur de la dynastie, le roi Cadmos, uni à Harmonie, avait engendré un fils (Polydoros) qui ne parvint jamais à transmettre le pouvoir à son fils Labdacos (le boiteux), lequel mourut lorsque son propre fils, Laïos, avait un an. Élevé par le roi Pélops, celui-ci se conduisit de façon « boiteuse » à l'égard de son hôte, en violant son fils Chrysippe qui se suicida[2].

Jean-Pierre Vernant, « Le tyran boiteux : d'Œdipe à Périandre » (1981), in *Id.* et Pierre Vidal-Naquet, *Œdipe et ses mythes*, Bruxelles, Complexe, 2001, p. 54-78.

1. La problématique qui commande le mythe de la famille des Atrides – dont les exploits sont racontés par Homère et repris par les Tragiques – est celle d'un mode de dévolution du pouvoir centré sur les relations entre la souveraineté des dieux et celle des hommes. L'histoire de la dynastie s'achève par le triomphe des Olympiens, l'instauration d'une suprématie du père sur la mère et de la puissance de la loi sur la folie criminelle. Cf. Yves Bonnefoy (éd.), *Dictionnaire des mythologies,* Paris, Flammarion, 1981.

2. Certains auteurs soulignent que Laïos fut l'introducteur de l'homosexualité en Grèce, d'autres voient dans cet acte une atteinte aux lois de l'hospitalité.

En guise de représailles, Pélops condamna le *genos* des Labdacides au tarissement. De retour à Thèbes, Laïos épousa Jocaste, elle-même issue de la dynastie de Cadmos. C'est alors que la succession au trône devint franchement délirante.

Averti par l'oracle qu'il ne devait engendrer aucune descendance, et que s'il désobéissait il aurait un fils qui le tuerait et coucherait avec sa mère, Laïos entretint avec Jocaste des relations sodomites[1] : « Roi de Thèbes aux beaux cheveux, lui avait dit le dieu, garde-toi d'ensemencer, malgré les dieux, le sillon féminin. Si tu procrées un fils, cet enfant te tuera et ta maison entière s'abîmera dans le sang[2]. » Mais un soir, ne pouvant résister, il pénétra son épouse du « bon côté » et lui planta un fils dans les flancs. A sa naissance, celui-ci fut condamné à être exposé sur le mont Cithéron pour y mourir[3]. Le berger auquel il fut confié, et qui devait accomplir cette tâche, lui passa une corde à travers le talon afin de le suspendre. Mais au lieu de l'abandonner, il le confia à un serviteur de Polybe, roi de Corinthe,

---

1. Dans certaines versions, Laïos s'abstient de toute relation sexuelle avec Jocaste. Sophocle ne fait aucune allusion à une faute ancienne de Laïos : l'oracle est une menace et non une malédiction, et c'est sur Œdipe que pèse tout le poids de la malédiction d'être « né damné ». Cf. Jean Bollack, *La Naissance d'Œdipe, op. cit.*

2. Euripide, *Les Phéniciennes,* in *Les Tragiques grecs,* vol. II, *op. cit.*, p. 591. Sophocle ne dit pas pourquoi Laïos transgresse l'ordre divin. Euripide l'attribue à l'ivresse, et Eschyle à un désir amoureux. Cf. *Les Sept contre Thèbes,* in *Les Tragiques grecs,* vol. I, *op. cit.*

3. Dans la pièce de Sophocle, c'est Jocaste qui prend l'initiative de cette exposition.

dont la femme Mérope était stérile. Surnommé Œdipe en raison de son pied enflé, le fils de Laïos fut élevé comme un prince par ceux qu'il prenait pour ses parents et qui avaient fait de lui l'héritier du royaume. Dans son corps, il conservait sans le savoir la trace de la dynastie boiteuse des Labdacides.

À l'âge adulte, confronté un jour à la rumeur de son origine douteuse, il décida de se rendre à Delphes pour consulter l'oracle, lequel répéta sa prédiction. Œdipe voulut alors éloigner de lui la malédiction. Il ne retourna pas à Corinthe et se dirigea vers Thèbes, au moment même où cette cité était frappée par de multiples fléaux. Au carrefour des trois routes, il croisa Laïos avec son équipage qui s'en allait vers Thèbes afin d'interroger l'oracle sur le désastre qui s'abattait sur son royaume. Comme la voie était trop étroite pour être empruntée de front par les deux voyageurs, une querelle éclata[1]. Œdipe tua Laïos et poursuivit son chemin vers Thèbes, tandis qu'un survivant de l'équipage de celui-ci annonçait dans la cité la nouvelle de la mort du roi. Créon, frère de Jocaste, issu de la lignée de Cadmos, monta alors sur le trône. Condamné à ne régner que de façon oblique, au terme d'une série d'anomalies, et sans jamais parvenir à transmettre le pouvoir à sa descendance[2], il était lui aussi marqué par un destin boiteux.

---

1. Chez Sophocle, Laïos est responsable de la querelle.
2. Créon eut trois fils : Mégarée, mort au combat pour défendre Thèbes, Ménécée, qui s'immola pour sauver la cité, Hémon, fiancé à Antigone, qui se suicida par amour. Eurydice, leur mère, folle de douleur, se donna la mort. Cf. Eschyle, *Les Sept contre Thèbes* ; Euripide, *Les Phéniciennes* ; Sophocle, *Antigone, Œdipe à Colone*, in *Les Tragiques grecs*, vol. I et II, *op. cit.*

Devenu roi pour quelque temps, il offrit publiquement le lit de la reine à celui qui résoudrait l'énigme de la « vierge subtile[1] ».

Mi-homme mi-bête, à la fois mâle et femelle, la Sphinge[2] (ou le Sphinx) gardait l'entrée de la cité, tout en chantant des prophéties. Dès qu'elle apercevait un voyageur, elle lui proposait de résoudre une énigme qui était l'énigme même de la condition humaine, et donc de la condition tragique d'Œdipe le héros, déjà meurtrier de son père sans le savoir : « Il est sur terre un être à deux, à trois, à quatre pieds, dont la voix est unique. Seul il change sa nature parmi ceux qui se meuvent sur le sol, en l'air et dans la mer. Mais quand il marche en s'appuyant sur plus de pieds, c'est alors que ses membres ont le moins de vigueur[3]. »

« C'est de l'homme que tu parles, répondit Œdipe, quand il se traîne à terre tout petit, au sortir du sein de sa mère, il a d'abord quatre pieds. Devenu vieux, il s'appuie sur un bâton, troisième pied, le dos courbé sous le fardeau de l'âge[4]. »

Anéantie par la puissance d'Œdipe, la Sphinge disparut dans les ténèbres[5] et Thèbes put renaître. Créon abandonna le trône et donna Jocaste en mariage au héros qui ne désirait ni n'aimait la reine, mais se trouva

---

1. C'est ainsi qu'Euripide nomme la Sphinge.
2. Selon Pausanias, écrivain grec du IIe siècle (apr. J.-C.), la Sphinge aurait été une fille bâtarde de Laïos.
3. Version d'Euripide dans *Les Phéniciennes,* in *Les Tragiques grecs*, vol. II, *op. cit.,* p. 580.
4. *Ibid.*
5. Dans certaines versions, elle se suicide.

contraint de la prendre pour épouse, comme un don, comme une récompense offerte par une cité délivrée, grâce à lui, du fléau de la prophétesse : « Sphinge et reine, écrit Jean Bollack, symbolisent la ville, l'une dans sa dislocation, l'autre dans sa plénitude[1]. » Avec Jocaste, Œdipe restaura l'unité de Thèbes. Sans le savoir, il commit l'inceste *après* le parricide puis se substitua à Laïos dans l'acte de génération et de procréation.

Devenu *turannos*[2], Œdipe exerça le pouvoir à la manière d'un sage reconnu comme le maître du savoir et le souverain absolu de la cité. Pendant des années, il ignora que la femme à laquelle il avait lié son destin était sa mère et que les quatre enfants qu'il avait eus d'elle (Étéocle, Polynice, Antigone, Ismène) portaient en eux la marque de la généalogie boiteuse des Labdacides. Meurtrier de son père, il avait pourtant, par son alliance charnelle avec Jocaste[3], « labouré le champ même où il avait été semé », puis « obtenu ses propres enfants d'un couple identique à celui d'où il

---

1. Jean Bollack, *La Naissance d'Œdipe, op. cit.,* p. 229.
2. *Turannos* (tyran) veut dire à la fois roi et maître du savoir. Le terme renvoie à l'idée d'une souveraineté guettée en permanence par son contraire, la démesure, qui peut faire de lui un *phamarkos*, ce bouc émissaire entaché de souillure et contraint à se découvrir autre que ce qu'il croyait être.
3. L'âge de Jocaste n'est évoqué nulle part, ni dans le mythe, ni chez les Tragiques, alors qu'elle aurait dû avoir au moins vingt-cinq ans de plus qu'Œdipe. Dans *Les Phéniciennes,* elle apparaît en vieille femme de la même génération qu'Œdipe.

était sorti[1] ». Frère de ses fils et de ses filles, fils et époux de sa mère, il avait conjugué le parricide et l'inceste alors qu'il se pensait l'égal des dieux, le meilleur des hommes, le plus sublime des souverains. Pis encore, il avait porté atteinte à la règle sacrée de la différence des générations, nécessaire à l'ordre social et aux structures fondamentales de la famille. Œdipe était donc un destructeur de l'ordre familial : « La condition humaine engage un ordre du temps, écrit Jean-Pierre Vernant, parce que la succession des âges, dans la vie de chaque individu, doit s'articuler sur la suite des générations, la respecter pour s'harmoniser avec elle, sous peine de retour au chaos[2]. »

En violant les lois de la différence des générations, Œdipe avait donc transgressé le principe même de *la* différence, en tant que paradigme de *la* loi symbolique humaine qui impose que soient séparés l'un et le multiple afin que *les* différences nécessaires au genre humain ne soient pas effacées. Car Œdipe, en effet, était, par son double crime – le parricide et l'inceste –, *à la fois et en même temps* sur quatre, sur deux et sur trois pieds. Aussi brouillait-il l'ordre social, biologique, politique, familial. Selon la formule de René Girard, il était « l'assassin de la différence » et ses crimes signifiaient la fin de toutes les différences[3]. Pour libérer une deuxième fois la cité de cette criminelle extinction de la différence, il lui faudra se reconnaître coupable,

---

1. Sophocle, *Œdipe roi,* traduction de Jean Bollack, in *La Naissance d'Œdipe, op. cit.,* p. 78.
2. Jean-Pierre Vernant, « Le tyran boiteux... », *op. cit.*, p. 63.
3. René Girard, *La Violence et le Sacré, op. cit.,* p. 111.

puis devenir lui-même un *pharmakos,* une abominable souillure[1].

Alors qu'Œdipe était parvenu au sommet de sa gloire, la peste s'abattit sur Thèbes[2]. Créon fut alors désigné pour se rendre à Delphes afin de consulter l'oracle. « Laïos a été tué, dit le dieu, et il nous enjoint clairement de punir par un acte les auteurs du meurtre, quels qu'ils soient[3]. » Soucieux de découvrir le coupable, Œdipe mena l'enquête lui-même. Après avoir soupçonné Créon, il fit venir auprès de lui le devin Tirésias, vieillard bisexuel, aveugle et quasi immortel, contemporain de Cadmos et dépositaire de la mémoire de la cité. Autrefois, après avoir assisté à l'accouplement de deux serpents, il en avait tué un et, à ce moment, avait été transformé en femme. La même scène s'était ensuite répétée, et il avait alors retrouvé son identité d'homme. Aussi était-il, selon la légende, le seul humain à avoir éprouvé dans son corps la réalité de la différence sexuelle.

Homme et femme à la fois, Tirésias connaissait le mystère sur lequel s'interrogeaient les dieux et les mortels : qui de l'homme ou de la femme est le meilleur bénéficiaire de l'acte sexuel ? Consulté par Zeus et Héra, il avait osé affirmer que la femme tirait du coït neuf fois plus de plaisir que l'homme. Ayant ainsi trahi le secret d'une jouissance si sauvagement gardée, il fut

---

1. Cf. Jean-Pierre Vernant, « Œdipe sans complexe », in *Œdipe et ses mythes, op. cit.*

2. C'est à ce moment que commence la pièce de Sophocle.

3. Sophocle, *Œdipe roi,* in Jean Bollack, *La Naissance d'Œdipe, op. cit.,* p. 21.

frappé de cécité par Héra mais récompensé par Zeus qui lui donna le don de prophétie et le pouvoir de vivre pendant sept générations[1]. Lui, l'aveugle, il voyait donc ce que le roi ne voyait pas encore. Il savait que l'assassin de Laïos était Œdipe, le souverain comblé d'honneurs et de félicité. Et il lui annonça que le coupable serait à son tour atteint de cécité avant de devenir un mendiant.

Progressivement, Œdipe découvrit la vérité à travers les témoignages du serviteur de Polybe d'une part[2], du berger de l'autre. Le premier lui apporta la nouvelle de la mort du roi de Corinthe, qu'il prenait pour son père, ce qui le réconforta. Mais il lui révéla aussitôt qu'il l'avait autrefois recueilli des mains d'un berger ayant mission de l'exposer sur le Cithéron. Œdipe interrogea alors ce dernier, qui le désigna comme le fils de Laïos.

L'importance accordée par Sophocle à ces deux personnages dépourvus de nom propre – le messager et le berger – a fait dire à Michel Foucault que cette tragédie était moins « incestueuse » qu'il n'y paraissait. Sans doute pouvait-on y déceler, disait-il, par anticipation, une certaine conception platonicienne de la cité, et donc une mise en cause de la souveraineté monarchique du tyran au profit d'un double savoir incarné, d'une part, par les esclaves et, de l'autre, par le devin. Savoir empirique d'une part, connaissance véridique de l'autre : l'*Œdipe* sophocléen ne serait donc que l'histoire de la démesure d'un pouvoir politique battu en

---

1. Nicole Loraux, *Les Expériences de Tirésias. Le féminin et l'homme grec,* Paris, Gallimard, 1989.

2. Appelé le messager dans la pièce de Sophocle.

brèche par le peuple avant d'être réhabilité par la philosophie sous la forme du souverain bien[1].

Dans la pièce de Sophocle, construite comme une épure, Œdipe découvre la vérité *en même temps* que Jocaste. Bien qu'elle le précède dans la compréhension de l'événement, elle tente sans cesse d'en retarder le dénouement, comme si elle connaissait déjà, et par avance, le destin qui sera le sien. Au cœur du drame, les hommes occupent des positions différentes de celles des femmes. Cinq personnages masculins (Œdipe, Créon, Tirésias, le berger, le messager) incarnent en effet, chacun à sa façon, la souveraineté d'un pouvoir ou d'un savoir face à une seule femme, mère, épouse et reine. Jocaste vit en dehors du passé et de l'histoire, au cœur d'une instantanéité éternellement prolongée. C'est pourquoi, d'ailleurs, on ne saurait lui attribuer un âge.

Immergée dans le présent et soucieuse de l'unité de la cité, elle est défaillante au même titre que Laïos, le grand absent du drame sophocléen. Certes, elle n'est pas coupable d'inceste puisqu'elle ne sait pas qu'elle a épousé son fils, mais elle a voulu se dérober à l'oracle. C'est elle qui a autrefois décidé que l'enfant serait exposé sur le Cithéron. Quant à Laïos, premier responsable de l'affront fait à Œdipe au carrefour des trois chemins, il a en quelque sorte suscité la querelle qui l'a conduit à sa perte. Ayant voué Œdipe à la mort, Jocaste et Laïos sont l'un et l'autre à l'origine du nom qu'il porte. Pour

---

[1]. Michel Foucault, « La vérité et les formes juridiques » (1974), in *Dits et écrits,* vol. II, Paris, Gallimard, 1994, p. 538-646, et plus précisément p. 553-568.

cette raison même, chez Sophocle, Œdipe est exempté de toute culpabilité. Cependant, dans son *hubris,* il se voudra le « fils de Fortune », après s'être demandé en vain s'il tenait son nom de son père ou de sa mère.

Au fur et à mesure que se déploie la funeste vérité, Jocaste la refuse pour protéger Œdipe. Quand celui-ci redoute l'accomplissement de la prophétie, elle lui rappelle combien sont fréquents les rêves incestueux : « Pour le mariage avec la mère, n'aie pas peur ! Combien d'autres aussi dans leurs rêves n'ont-ils pas déjà couché avec leur mère ? Qui compte pour rien ces fantasmes traverse la vie avec le moins de peine[1]. » Et de même, quand elle prend conscience *avant lui* de la vérité, elle le précède dans l'autopunition : « Ô maudit ! Si tu pouvais ne jamais savoir qui tu es. » Évitant tout contact avec son fils, elle se précipite dans ses appartements pour se donner la mort par pendaison, conformément aux rites suicidaires des femmes. A l'opposé des hommes, celles-ci choisissent toujours de disparaître sans recourir ni à la violence des armes, ni à l'étalage cruel du sang[2]. Quand Œdipe la rejoint, il s'empare des agrafes de sa tunique et se crève les yeux. Ainsi obéit-il à la tradition masculine de la mort volontaire sans toutefois se suicider.

---

1. *Œdipe roi, op. cit.,* p. 57. Jean-Pierre Vernant souligne que ces rêves étaient interprétés par les Grecs comme l'annonce d'une possible victoire au combat. Cf. « Œdipe sans complexe », *op. cit.*

2. Dans la version donnée par Homère, Jocaste (dite Épicaste) se pend et Œdipe meurt à la guerre les armes à la main. Sur le suicide de Jocaste dans la pièce de Sophocle, cf. Jean Bollack, *La Naissance d'Œdipe, op. cit.*

Créon monte alors de nouveau sur le trône et ramène au palais Ismène et Antigone, qui restent muettes devant leur père : filles sans hommes, abandonnées de tous. Contrairement à leurs frères auxquels sera dévolu un pouvoir « boiteux », elles seront, comme Œdipe, condamnées à l'exil et « hors famille[1] ».

C'est le 15 octobre 1897, trois semaines après l'abandon de sa théorie dite « de la séduction[2] », que Freud mentionna pour la première fois le nom d'Œdipe : « La légende grecque a saisi une compulsion que tous reconnaissent parce que tous l'ont ressentie. Chaque auditeur fut un jour en germe, en imagination, un Œdipe et s'épouvante devant la réalisation de son rêve transposé dans la réalité. Il frémit devant toute la mesure du refoulement qui sépare son état infantile de son état

---

1. Selon la formule de Jean Bollack in *La Naissance d'Œdipe, op. cit.,* p. 280. Dans *Œdipe à Colone*, Œdipe, vieux et exilé, maudit ses fils qui se disputent la succession au trône de Thèbes. Le pouvoir est alors dévolu à Créon, auquel Étéocle reste fidèle alors que Polynice s'allie aux ennemis de la cité. Les deux fils d'Œdipe s'entre-tuent. *Antigone,* la pièce la plus commentée de Sophocle, met en scène l'affrontement entre la fille d'Œdipe et son oncle. Incarnant les lois de la famille, la première exige qu'une sépulture soit donnée à son frère Polynice malgré sa trahison. Créon, garant de la raison d'État, refuse. Antigone est condamnée à mort. Au terme de cette tragédie, la dynastie des Labdacides est anéantie (cf. note 2, page 63). Dans la dernière séquence du mythe, le peuple thébain est exilé, la ville est démantelée et pillée par les Épigones.
2. Abandonnée par Freud le 21 septembre 1897 (Lettre de l'équinoxe), la théorie dite « de la séduction » suppose que toute névrose a pour origine un traumatisme sexuel réel subi dans l'enfance.

actuel[1]. » Ainsi inventait-il le modèle de l'homme œdipien au moment même où il passait d'une conception traumatique du conflit névrotique à une théorie du psychisme inconscient. Les deux gestes étaient complémentaires.

Cependant, aussitôt après avoir mobilisé le nom d'Œdipe, Freud se tourna vers Hamlet : « Mais une idée m'a traversé l'esprit : ne trouverait-on pas dans l'histoire d'*Hamlet* des faits analogues ? [...] Comment expliquer cette phrase de l'hystérique Hamlet : "C'est ainsi que la conscience fait de nous tous des lâches ?" Comment comprendre son hésitation à venger son père par le meurtre de son oncle ? [...] Tout s'éclaire mieux lorsqu'on songe au tourment que provoque en lui le vague souvenir d'avoir souhaité, par passion pour sa mère, de perpétrer envers son père le même forfait[2]. »

Deux ans plus tard, dans *L'Interprétation des rêves*, Freud associait l'histoire d'Œdipe et d'Hamlet à celle des dieux grecs fondateurs de l'univers : Gaia, Ouranos, Cronos, Zeus. Sans se soucier le moins du monde de la véritable signification de ces mythes originaires, qui avaient pour fonction d'établir des différences entre le

---

1. Sigmund Freud, *La Naissance de la psychanalyse* (Londres, 1950, Paris, 1956), Paris, PUF, 1991, p. 198. On peut se demander si Freud, en écrivant ces mots, ne songeait pas à la lettre envoyée par Schiller à Goethe exactement un siècle auparavant : « L'*Œdipe* [de Sophocle] est en même temps une simple analyse tragique, tout est déjà là et sera simplement développé. » Cf. Jacques Le Rider, *Freud, de l'Acropole au Sinaï, op. cit.*

2. Sigmund Freud, *La Naissance de la psychanalyse, op. cit.*, p. 198-199. Sur cette question, on se reportera au chapitre IV du présent ouvrage : « Le fils coupable ».

Qui a tué le père ?

monde divin et celui des mortels, entre le règne des Titans et le royaume des Olympiens, il façonnait avec génie sa grande scène du désir d'inceste et du meurtre du père. Celle-ci n'avait pas grand-chose à voir avec la pièce de Sophocle, ni avec les dieux de l'Attique[1], ni avec Shakespeare. Pourtant, elle allait inspirer à la civilisation occidentale un modèle de roman familial qui s'imposera pendant un siècle.

Surgie de la béance (Chaos), Gaia, la terre universelle, ou Terre-Mère, enfante Ouranos, le ciel étoilé qui ne parvient pas à se détacher d'elle, l'obligeant ainsi à conserver dans son giron les enfants (les Titans) produits par cette fusion. Cronos, son dernier-né, accepte de l'aider à se dégager. Au moment où Ouranos s'épanche en elle, il lui sectionne les parties sexuelles avec une serpe. Deux puissances jaillissent de cette castration : la Querelle (Éris) et l'Amour (Éros). Les Titans règnent sur la terre. Plus tard, Cronos s'accouple à Rhéa, mais Gaia l'a prévenu qu'il serait un jour détrôné par l'un de ses fils. Aussi dévore-t-il chacun de ses enfants. C'est alors qu'avec la complicité de Rhéa, Zeus, le dernier-né d'Ouranos, s'exile. Après de multiples aventures sur fond de ruse perpétuelle (*methis*) il fait avaler à Cronos un poison (*pharmakon*) qui le contraint à vomir sa progéniture. Il provoque ainsi la guerre entre les Titans et les Olympiens. Vainqueur, Zeus instaure le règne des Olympiens et sépare le monde divin du monde mortel. De là surgira la tragédie des hommes, confrontés non

---

1. Sur l'interprétation des mythes grecs, cf. Jean-Pierre Vernant, *L'Univers, les dieux, les hommes,* Paris, Seuil, 1999.

seulement aux dieux (immortels) et au destin, mais à eux-mêmes : à leurs passions, à leurs querelles, à leur mort.

En 1900, Freud transpose donc ce mythe dans l'univers darwinien de la fin du siècle, et il en fait l'illustration d'un déclin *nécessaire* de l'ancienne tyrannie patriarcale. Sous sa plume, Cronos devient le père de la horde sauvage qui « dévore ses enfants comme le sanglier la portée de sa femelle[1] », et Zeus un fils qui châtre son père pour lui prendre sa place. De là découle, pour la psychanalyse, une conception de la famille fondée sur le meurtre du père par le fils, sur la rivalité de celui-ci à son égard, sur la mise en cause de la toute-puissance patriarcale, et enfin sur la nécessité pour les filles de s'émanciper sexuellement de l'oppression maternelle : « Plus le pouvoir du père dans la famille antique était grand, écrit Freud, plus le fils, son successeur naturel, devait se sentir son ennemi et plus son impatience devait être grande d'accéder à son tour au pouvoir par la mort de son père. Dans nos familles bourgeoises, le père développe l'inimitié naturelle qui est en germe dans ses relations avec son fils en ne lui permettant pas d'agir à sa guise et en lui refusant le moyen de le faire […]. Les pères s'accrochent d'une manière maladive à ce qui reste de l'antique *potestas patris familias* dans notre société actuelle, et un auteur est toujours sûr de son fait quand, tel Ibsen, il met au premier plan de ses écrits l'antique conflit entre père et fils. Les occasions de conflit entre la mère et la fille apparaissent quand la

---

1. Sigmund Freud, *L'Interprétation des rêves* (Paris, 1926), Paris, PUF, 1957, p. 224.

fille grandit et trouve dans sa mère une gardienne au moment où elle réclame sa liberté sexuelle. La mère, de son côté, voit dans l'épanouissement de sa fille un avertissement : il est temps pour elle de renoncer aux prétentions sexuelles[1]. »

Non content de « darwiniser » les mythes grecs, Freud fait également subir une torsion à la pièce de Sophocle. Car pour valider la thèse du désir refoulé pour la mère, il faut démontrer qu'Œdipe tue son père pour accomplir l'inceste. Or, dans la tragédie, le meurtre précède l'inceste, et celui-ci n'est en rien motivé par le désir du héros, lequel reçoit Jocaste comme un don octroyé par la cité. Chez Sophocle, l'inceste avec la mère n'est pas la conséquence d'une rivalité avec le père mais une union sacrificielle qui annule les lois de la nécessaire différence entre les générations.

Cela n'empêche pas Freud de réinterpréter en faveur de sa thèse le fameux songe de l'union sexuelle avec la mère et d'en faire le rêve universel de tous les humains. Mais pour parvenir à ce résultat, encore faut-il transformer la pire des familles et la plus folle des dynasties héroïques en une famille normale. Peu importe le message de Sophocle, ce qui compte désormais pour Freud, c'est l'histoire de l'enfant coupable de désirer sa mère et de vouloir assassiner son père. Puisqu'il faut à Freud un « modèle unique de famille unique[2] » capable de résumer l'histoire des origines de l'humanité,

---

1. Sigmund Freud, *L'Interprétation des rêves, op. cit.,* p. 224.
2. Selon la formule de Jean Bollack in *La Naissance d'Œdipe, op. cit.,* p. 317-318.

Œdipe sera donc coupable, non pas d'*avoir* commis un meurtre mais d'*être* un sujet coupable de désirer sa mère. Coupable d'avoir un inconscient, Œdipe devient donc, dans l'interprétation freudienne, un névrosé fin de siècle, coupable de son désir, comptable de ses fantasmes.

Tombés du ciel des dieux, le mythe et la tragédie investissent le champ des souffrances ordinaires. Freud peut alors inventer son *Ödipuskomplex*[1].

En 1910, le complexe eut donc raison de la tragédie, du mythe, de la légende. Seule subsistait, sur fond de coït observé, aperçu, fantasmé, halluciné, l'histoire du désir de la mère et de la rivalité avec le père. Après avoir expliqué tout le mépris que le petit garçon portait aux prostituées quand il découvrait que sa mère leur ressemblait en couchant avec son père, Freud écrivait : « Il commence à désirer la mère elle-même, au sens nouvellement acquis, et à haïr de nouveau le père comme rival qui fait obstacle à ce souhait. Il tombe comme nous disons sous la domination du complexe d'Œdipe (*Ödipuskomplex*). Il ne pardonne pas à sa mère et considère sous le jour d'une infidélité le fait qu'elle ait accordé la faveur du commerce sexuel non pas à lui mais au père[2]. »

Freud était pourtant conscient du fait qu'Œdipe ne

---

1. L'expression apparaît pour la première fois en 1910, dans « D'un type particulier de choix d'objet chez l'homme » (1910), *in* Sigmund Freud, *Œuvres complètes,* vol. X, Paris, PUF, 1993, p. 197. Notons que Freud se trompe lui-même sur la date d'apparition du complexe dans son œuvre. Il la fait remonter à *L'Interprétation des rêves, op. cit.,* p. 229, note 1.

2. Sigmund Freud, « D'un type particulier... », *op. cit.,* p. 197.

pouvait pas être coupable de désirer une femme qu'il ne connaissait pas – fût-elle sa mère biologique –, et que le désir pour la mère ne pouvait donc pas précéder le meurtre du père. En conséquence, pour faire entrer le héros dans le complexe, il imagina une interprétation ahurissante de l'enchaînement des événements et des figures du mythe.

En 1927, dans un texte consacré à Dostoïevski, il affirma que la corrélation entre l'acte d'Œdipe et le désir de la mère était présente dans la pièce et dans le mythe sous la forme de la résolution de l'énigme et de la mort de la Sphinge. Autrement dit, non seulement il faisait de la Sphinge un personnage masculin – « le monstre » – et un substitut du père, mais il attribuait à Œdipe le meurtre de la Sphinge. Œdipe tuait donc deux fois son père afin de conquérir sa mère. Il abattait d'abord Laïos puis répétait son acte sur la Sphinge : « Le héros commet l'acte sans en avoir l'intention et apparemment sans influence de la femme, et pourtant cette corrélation est prise en compte du fait qu'il ne peut conquérir la reine mère qu'après avoir répété l'acte sur le monstre (*Ungeheuer*) qui symbolise le père[1]. »

On comprend que cette interprétation ait suscité de nombreuses critiques, mais Freud la soutiendra jusqu'à sa mort en insistant sur le fait que « l'ignorance d'Œdipe n'est qu'une juste peinture de l'inconscience où sombre chez l'adulte l'ensemble de l'événement. La sentence contraignante de l'oracle qui doit innocenter le héros est une recognition de l'implacabilité

---

1. Sigmund Freud, « Dostoïevski et la mise à mort du père » (1927), in *Œuvres complètes*, vol. XVIII, Paris, PUF, 1994, p. 219.

du destin qui condamne tous les fils à subir le complexe d'Œdipe[1] ».

Reste alors un dernier problème à résoudre. Si l'implacabilité du destin voulu par l'oracle n'est autre que l'efficacité symbolique de l'inconscient dans sa plus vaste universalité, encore faut-il en trouver la source dans la légende. S'appuyant sur la notion de « roman familial » élaborée par Otto Rank en 1909, Freud affirme en 1938[2] que le « cas Œdipe » est une exception puisque le héros est abandonné puis adopté par des familles socialement identiques. Qu'il soit le fils de Laïos ou celui de Polybe, il demeure, dans les deux cas, un prince destiné à devenir roi. Autrement dit, comme le souligne fort bien Jean Bollack, il n'y a aucun déplacement de la destinée d'Œdipe vers le bas ou vers le haut de l'échelle sociale. Il n'est ni le fils d'un esclave recueilli par un roi, ni celui d'un roi élevé par une famille modeste, ni l'héritier d'un pharaon destiné à devenir l'élu de Dieu. Quoi qu'il lui arrive, il *est* de la même origine de toute éternité. Et c'est bien cette exception qui fait de lui, selon Freud, le prototype du complexe. Puisque l'inconscient est atemporel, structural, immuable, Œdipe peut incarner la tragédie de l'inconscient.

---

1. Sigmund Freud, *L'Abrégé de psychanalyse, op. cit.*, p. 64.
2. Sigmund Freud, *L'Homme Moïse et la religion monothéiste* (1939), Paris, Gallimard, 1986. La notion de roman familial renvoie à la façon dont un sujet névrosé modifie ses liens généalogiques en s'inventant, par un récit ou un fantasme, une autre famille que la sienne, en général plus héroïque ou d'origine royale. Cf. Otto Rank, *Le Mythe de la naissance du héros* (1909), Paris, Payot, 1983.

On peut faire l'hypothèse que Freud réinventa *Œdipe* pour répondre de façon rationnelle à la terreur de l'irruption du féminin et à la hantise de l'effacement de la différence sexuelle qui avaient saisi la société européenne de la fin du siècle, au moment où s'éteignaient à Vienne la puissance et la gloire des dernières monarchies impériales. A l'aide du mythe reconverti en complexe, Freud, en effet, rétablissait symboliquement des différences nécessaires au maintien d'un modèle de famille dont on craignait qu'il ne disparût dans la réalité. En bref, il attribuait à l'inconscient la place de la souveraineté perdue par Dieu le père pour y faire régner la loi de la différence : différence entre les générations, entre les sexes, entre les pères et les fils, etc. C'est ainsi que le tyran de l'ancienne tragédie du pouvoir, dont Nietzsche avait rêvé qu'il fût le héros dionysien d'un nouvel humanisme, se mua, sous la plume de Freud, en un sujet coupable, rivé à sa névrose et condamné à n'être plus que l'enfant de sa mère et le rival de son père.

On savait désormais qui avait tué le père et qui désirait la mère, mais on ignorait encore que le fils pût se sentir coupable, non pas du meurtre du père, mais du désir de ce meurtre et du désir de désirer la mère. C'est Freud, une fois encore, qui allait lever ce lièvre en associant la destinée d'Hamlet à celle d'Œdipe.

4

Le fils coupable

« Le cas Hamlet, écrit Jean Starobinski, escorte le paradigme œdipien comme son ombre portée[1]. » Si l'*Œdipe* de Sophocle *est* l'inconscient, c'est-à-dire une efficacité symbolique qui échappe au sujet, l'*Hamlet* de Shakespeare est une conscience meurtrie, un acteur, un personnage coupable d'avoir un inconscient. Il est donc un héros chrétien, bien différent de l'homme grec dans sa relation au monde divin. Non seulement Freud s'empare de ce prince du Danemark, réinventé à l'aube du XVIIe siècle, pour en faire un hystérique viennois, mais il « hamlétise » Œdipe pour mieux construire le complexe. Hamlet, c'est donc Œdipe masqué ou Œdipe refoulé.

De même que Freud ne consacra aucune étude à la

---

1. Jean Starobinski, « Hamlet et Œdipe » (1967), in *L'Œil vivant, vol. II : relation critique,* Paris, Gallimard, 1970, p. 291. Cet article fut publié pour la première fois sous le titre « Hamlet et Freud », comme préface à l'ouvrage d'Ernest Jones *Hamlet et Œdipe* (Londres, 1948), Paris, Gallimard, 1967.

pièce de Sophocle, de même il n'étudia jamais celle de Shakespeare autrement que pour conforter son modèle œdipien. En choisissant précisément ce drame, Freud voulait montrer qu' « en réaction au complexe, Œdipe était devenu Hamlet, c'est-à-dire un névrosé paralysé par des scrupules et des remords[1] ».

On peut faire l'hypothèse que, pour analyser ce personnage et le faire entrer dans le complexe, Freud met en acte, à son insu, une conception du décentrement de l'image de soi qu'il utilisera dans un autre contexte. Selon lui, en effet, trois blessures narcissiques ont été infligées au sujet occidental entre le milieu du XVIe siècle et le début du XXe : la perte de la maîtrise de l'univers (Copernic), la perte de l'origine divine de l'homme (Darwin), la perte de la plénitude du moi (la psychanalyse)[2].

Or, plongeant son inspiration dans l'histoire des grandes mutations de la souveraineté occidentale, la dramaturgie shakespearienne, contemporaine du règne des Tudors, met en scène les turbulences d'une subjectivité qui témoigne de la lente décomposition des représentations traditionnelles du cosmos. Emprunté en 1600 à une légende nordique, l'Hamlet de Shakespeare est un sujet copernicien qui ne parvient pas encore à douter de façon cartésienne des fondements de la pensée rationnelle. Inquiet et défaillant, il ne peut ni rester un prince,

---

1. Sigmund Freud, *Conférences d'introduction à la psychanalyse,* Paris, Gallimard, 1999, p. 426.
2. Sigmund Freud, « Une difficulté de la psychanalyse » (1917), in *L'Inquiétante Étrangeté et autres essais,* Paris, Gallimard, 1985.

ni devenir un roi puisqu'il n'a même pas l'assurance d'« être ou [de] ne pas être ».

Tandis que les penseurs politiques de cette époque – de Machiavel à Bodin – se livrent à une vaste réflexion sur les conditions d'existence d'une souveraineté monarchique détachée du cosmos médiéval et de Dieu le père, Shakespeare préfère la raconter sans opposer la raison à la tyrannie, ni le *logos* au chaos. De fait, toute sa dramaturgie vise à faire surgir l'envers cruel et pulsionnel d'une impossible souveraineté condamnée au suicide, au meurtre, à la folie[1] : une souveraineté mélancolique[2].

C'est dans *Richard II*, rédigé en 1597, que Shakespeare décrit le mieux la crise mélancolique dont sera atteint Hamlet trois ans plus tard. Projetant le véritable roi médiéval[3] dans la réalité du règne des Tudors, il défait la théorie des deux corps du roi en exhibant, à travers la fameuse scène de la déposition, la démesure d'un

---

1. Dans le théâtre de Shakespeare, de 1589 à 1613, il y a 52 suicides. On en compte environ 200 dans le théâtre élisabéthain. Cf. William Shakespeare, *Œuvres complètes,* vol. II : *Comédies II et tragédies,* Paris, Gallimard, coll. « Bibliothèque de la Pléiade », 1959.

2. Il est certain aujourd'hui que Shakespeare avait lu le *Traité de la mélancolie* de Timothy Bright paru en 1586 (traduction Éliane Cuvelier, Grenoble, Jérôme Millon, 1996). Il s'en est inspiré pour décrire l'humeur d'Hamlet.

3. Fils du Prince Noir, Richard II (1366-1400) régna sur le trône d'Angleterre de 1398 jusqu'à sa mort avant d'être déposé puis assassiné par son cousin Bolingbroke, duc de Hereford et fils de Jean de Gand, futur roi Henri IV (1367-1413). Cf. William Shakespeare, *Œuvres complètes,* vol. I : *Poèmes, drames historiques, comédies I, op. cit.*

souverain sans limites, aussi incapable de gouverner que de transmettre à la postérité la fonction symbolique du pouvoir.

« Être ou ne pas être roi », telle est l'interrogation de Richard face au comte de Northumberland, chargé par Bolingbroke, futur Henri IV, de le faire abdiquer légalement par un acte écrit. Préférant s'autodéposer, le roi se dépouille lui-même de tous les attributs de la dignité royale, puis il contemple son visage dans un miroir. Il n'existe donc comme sujet qu'au prix de s'assujettir à l'image de sa souveraineté narcissique reconquise : « J'abjure ma dignité sacrée [...]. J'abdique toute pompe et toute majesté, j'abandonne mes manoirs, rentes et revenus [...]. Que ne suis-je un dérisoire roi de neige exposé au soleil de Bolingbroke pour me fondre tout en eau [...]. Je suis plus grand qu'un roi, car quand j'étais roi, mes flatteurs n'étaient que mes sujets et maintenant que je suis un sujet, voici que j'ai un roi pour flatteur[1]. »

Tragédie de la subjectivité, *Hamlet* est la suite logique de ce drame historique. Condamné à n'être jamais roi, le héros du nouveau siècle galiléen est en quête de son identité. Peut-il advenir comme un sujet sans se dépouiller de sa souveraineté de droit divin ? Telle est la question.

Hanté par le spectre du défunt roi, Hamlet s'ennuie au royaume de Danemark sans parvenir à accomplir l'acte que celui-ci lui réclame. Sa mère, Gertrude, qui a épousé Claudius, l'assassin et le frère de son époux,

---

1. *Richard II, op. cit.*, p. 586-587, traduction de François Victor Hugo.

lui reproche son deuil interminable et son incapacité à admettre la succession normale des générations : « Votre père a perdu son père et vous le vôtre, mais si le deuil est normal pendant quelque temps, il devient le signe d'une humeur insoumise et d'une intelligence puérile s'il se prolonge anormalement[1]. »

Comment croire en ce que dit un spectre quand celui-ci n'est visible que par les yeux de quatre témoins[2] ? Est-il réellement l'esprit du père ? Comment découvrir la preuve du crime caché[3] ? Telles sont les interrogations du prince déjà en proie à cette longue quête identitaire. Et son inhibition à être devient d'autant plus forte que le spectre exige de lui qu'il assume une tâche impossible à accomplir : tuer le frère incestueux en épargnant l'épouse infidèle. Hamlet relève le défi mais se maudit « d'avoir à remettre le monde à l'endroit » : « Le temps est hors de ses gonds (*The time is out of joint*). Maudit soit le souci d'être né, moi, pour le faire rentrer dans l'ordre[4]. »

Femme sotte et passive, Gertrude a entouré son fils d'un amour excessif en voulant lui épargner toute violence, ce qui le conduira à connaître une destinée contraire à celle dont elle avait rêvé pour lui : il détruira sa famille et ses proches et plongera son royaume dans

---

1. *Hamlet, op. cit.,* p. 620, traduction de François Victor Hugo.
2. Horatio, qui doute de l'existence du spectre ; Hamlet, qui s'interroge sur son identité ; Marcellus et Bernardo, les deux officiers de la garde, qui croient en l'existence des fantômes.
3. Cf. John Dower Wilson, *Pour comprendre Hamlet. Enquête à Elseneur* (Cambridge, 1935), Paris, Seuil, coll. « Points », 1992. Avant-propos de Patrice Chéreau et Claude Stratz.
4. *Hamlet, op. cit.,* p. 633.

le chaos sans même avoir régné. Incarnation du déni perpétuel, Gertrude ne veut jamais rien voir de la réalité. Aussi favorise-t-elle l'oubli du passé et l'effacement du présent[1]. Elle ne comprendra même pas la signification de sa propre mort. Tout le contraire de Jocaste.

Ancien conseiller politique du défunt roi, père de Laërte et d'Ophélie, Polonius a toujours servi le trône mais il s'est soumis à Claudius sans jamais vouloir comprendre que le pouvoir est souillé par l'inceste et le crime. Misogyne comme son fils, il interdit à sa fille de répondre à l'amour d'Hamlet, redoutant de la voir devenir femme. Il meurt de façon grotesque, caché derrière une tenture, tué par l'épée d'Hamlet, qui le prend pour Claudius. Ophélie est donc la victime de son père et de son frère, lui-même coléreux et incapable de la moindre rébellion. Dans sa folie, qui la conduira au suicide par noyade, elle compose des chansons licencieuses où s'exprime toute sa sensualité de jeune fille contrainte de refouler sa sexualité et de vivre dans un monde marqué par le péché et l'abjection. Comme Hamlet, obligé de simuler la folie pour éloigner de lui l'amour qu'elle lui inspire, Ophélie est la victime d'une famille qui interdit à ses enfants de laisser libre cours à leur désir et à leur subjectivité.

Perfide, menteur, lubrique, rusé, Claudius est l'un des personnages les plus fascinants des tragédies de Shakespeare, une sorte de double déformé d'Hamlet.

---

[1]. Rien ne permet de dire, dans la pièce, qu'elle ait commis l'adultère avant la mort de son mari. Le mot est en effet employé pour qualifier son mariage incestueux avec Claudius.

Cependant, si le prince reste un intellectuel, aimé du peuple, mais torturé par sa conscience et opposant à tout pouvoir une critique destructrice du pouvoir, son oncle incarne cet idéal négatif de la politique dont les Anglais de l'époque des Tudors se nourrissaient dans leur critique de Machiavel et de la Renaissance italienne.

Sujet copernicien lui aussi, Claudius a choisi de se consacrer à la possession du monde, ambition sans bornes qui aboutira pour lui à l'asservissement à la femme de son frère, objet de toutes ses convoitises. Tyran lucide, il n'hésite ni à évoquer son crime, ni à assumer sa propre souillure : « La puanteur de ma faute atteint le ciel. Une antique malédiction pèse sur le meurtre d'un frère. » Se sachant coupable, il connaît sa faiblesse et celle de Gertrude, qui lui préfère son fils : « Sa mère puise toute vie en ses yeux et pour ce qui est de moi – ma force et mon tourment – la reine est à ce point conjointe à ma vie, à mon âme, que, comme asservi par une gravitation sidérale, je ne puis me mouvoir qu'autour d'elle[1]. »

Au cœur de cette sombre machinerie familiale, Hamlet est tiraillé entre l'injonction du spectre, qui lui ordonne de « parler à sa mère » et de ne rien « tramer contre elle », et sa rivalité avec un oncle assassin qui lui a dérobé un trône dont il ne voulait pas. Aussi est-ce sur sa mère qu'il déverse ses flots de haine et d'invectives : « Ce roi bouffi va vous convier de nouveau sur sa couche, pincer folâtrement vos joues, vous appeler

---

1. *Hamlet, op. cit.*, p. 682.

son petit rat. Au prix de quelques baisers fétides et de badinements de ses maudites mains sur votre nuque, acceptez qu'il vous amène à rêver que je ne suis pas fou réellement mais par ruse […]. Comment n'étant que reine et belle, et sobre, et sage, pourriez-vous maintenir ignoré de ce crapaud, de ce matou, de ce vampire, un aussi cher souci[1] ? »

Le massacre de la maisonnée royale se déploie en une série d'actes manqués et de gestes en trompe-l'œil. Gertrude vide la coupe empoisonnée remplie par son époux et destinée à son fils. Puis Laërte touche Hamlet de la pointe de son épée sans savoir que celle-ci a été trempée dans le poison par Claudius. Au moment où lui-même est tué par Hamlet, il a le temps de prendre conscience de la perfidie du roi, contre lequel le prince retourne son arme en l'accusant d'être l'unique responsable du grand désordre du royaume. Arrive alors Fortinbras, prince de Norvège[2], qui s'empare du trône et rend hommage à Hamlet : « L'occasion seule lui manqua de témoigner de qualités vraiment royales. »

Seul personnage positif de cette tragédie de la souveraineté mélancolique, Horatio, le premier à voir le spectre, apparaît d'emblée comme l'ami fidèle, le frère courageux, le témoin, mais aussi le scribe, l'héritier et le dépositaire de l'histoire qu'il est en train de vivre. Aussi n'a-t-il aucune autre consistance que celle de témoin des paroles du prince et du contexte dans lequel

---

1. *Hamlet, op. cit.*, p. 669-670.
2. Fils du roi du même nom qui avait été tué en duel par le père d'Hamlet.

se déroule le drame : « Respire à regret dans cet âpre monde, lui dit Hamlet, pour dire ce que je fus[1]. »

Si Freud cherche à percer l'énigme de l'impuissance d'Hamlet, Ernest Jones[2] prétendra la résoudre en fabriquant un Hamlet « œdipianisé ». Le héros, dira-t-il en substance, a éprouvé dans son enfance une grande affection pour sa mère et est parvenu à surmonter son complexe. Mais, à travers Ophélie, il a cédé à l'attraction infantile que celle-ci a toujours exercée sur lui et lui a voué un amour morbide. Aussi, quand il a voulu obéir au spectre, il en a été incapable, un autre que lui (Claudius) ayant réalisé à sa place son souhait œdipien : coucher avec la mère et tuer le père[3].

Cette interprétation célèbre, qui usait du complexe comme d'un dogme psychologique, fut approuvée par Freud et par ses héritiers. Or, non seulement elle négligeait la signification réelle du drame, mais elle passait à côté de son contenu essentiel. Car la question soulevée par Shakespeare n'est pas de savoir pourquoi Hamlet ne parvient pas à tuer Claudius, mais de mettre en scène l'histoire d'un homme qui ne sait pas pourquoi il ne parvient pas à accomplir l'acte qu'il désire accomplir. A cet égard, comme le souligne Patrice Chéreau : « Il

---

1. *Hamlet, op. cit.,* p. 701. Et aussi : « Dans ce monde affreux, réserve avec douleur ton souffle afin de raconter mon histoire », *ibid.*

2. Ernest Jones (1879-1958), psychanalyste anglais, disciple et biographe de Freud, fondateur du mouvement psychanalytique anglais et américain.

3. Ernest Jones, *Hamlet et Œdipe, op. cit.*

y a un Hamlet pour chaque époque et chaque Hamlet nous en dit finalement plus long sur cette époque que sur lui-même[1]. »

Au lieu de s'interroger en vain sur les causes psychologiques de l'inhibition d'Hamlet, et plutôt que de se demander, comme le firent Freud et Jones, si le personnage est ou n'est pas le reflet de l'inconscient du poète[2], il nous semble plus utile de souligner que, du point de vue du décentrement de la subjectivité inventée par Freud pour penser la famille œdipienne, la tragédie du prince danois complète à merveille celle du roi de Thèbes. Au héros coupable d'avoir un inconscient, à Œdipe qui n'a pas d'inconscient parce qu'il *est* l'inconscient, fait pendant un héros coupable de se sentir coupable, et capable comme un hystérique de (se) dissimuler ses désirs, son passé, son enfance.

Freud ne pouvait pas prendre Œdipe en analyse. Et c'est pourquoi sans doute il projeta sur lui l'universalité possible d'une structure psychique. En revanche, il pouvait faire d'Hamlet un cas, un névrosé réel, un hystérique viennois, paralysé dans l'accomplissement de sa tâche au moment même où surgissait en lui, à

---

1. *In* John Dover Wilson, *Pour comprendre Hamlet, op. cit.*, p. 14.

2. Cf. Sigmund Freud : « Le poète ne peut avoir exprimé dans *Hamlet* que ses propres sentiments. Georg Brandes indique dans son *Shakespeare* (1896) que ce drame fut écrit aussitôt après la mort du père de Shakespeare (1601), donc en plein deuil, et nous pouvons admettre qu'à ce moment les impressions d'enfance qui se rapportaient à son père étaient particulièrement vives. On sait d'ailleurs que le fils de Shakespeare, mort de bonne heure, s'appelait Hamlet. » (*L'Interprétation des rêves, op. cit.*, p. 231.)

travers l'injonction de la vengeance contre Claudius, le désir refoulé de tuer le père et de conquérir la mère. Au prix de cette distorsion, Hamlet devint donc pour Freud la preuve clinique de l'existence d'un complexe qui ne portait pas son nom mais dont il était à la fois le porte-parole et l'expérimentateur. En associant une tragédie du destin (*Œdipe*) à une tragédie du caractère (*Hamlet*)[1], Freud réunit les pôles indispensables à la fondation même de la psychanalyse : la doctrine et la clinique, la théorie et la pratique, la métapsychologie et la psychologie, l'étude de la civilisation et celle de la cure. Et c'est bien parce qu'il voulait assigner à Hamlet cette place fondatrice dans l'histoire de la clinique qu'il transgressa à son sujet la règle qu'il avait si souvent énoncée et qui interdisait de se servir de la psychanalyse pour interpréter les œuvres littéraires : « Que l'on n'attende pas d'un poète la description clinique correcte d'une maladie mentale, aimait-il à répéter[2]. »

Mais il y a une autre raison, d'ordre plus subjectif, à la complémentarité introduite par Freud entre Œdipe et Hamlet. Car même si rien ne permet d'affirmer que l'Hamlet de Shakespeare désire sa mère au point de vouloir tuer inconsciemment son père, et donc de ne pas parvenir à tuer son oncle, Freud utilise le personnage parce qu'il est lui-même habité par des identifications aux anciennes dynasties royales. Et il s'y réfère en permanence pour traduire sa double situation de fils

---

1. Cf. Sigmund Freud, *Sigmund Freud présenté par lui-même* (1925), Paris, Gallimard, 1984, p. 107-108.
2. Sigmund Freud, *Correspondance,* Paris, Gallimard, 1966, p. 96.

au sein de l'empire des Habsbourg : fils rebelle en rupture avec la génération des pères, Juif infidèle en proie au désir de venger l'humiliation du père.

Confronté dans son enfance au récit que lui avait fait un jour son père d'un outrage subi de la part d'un « gentil », Freud, on le sait, avait associé le souvenir de cet événement à un autre, tiré de l'histoire antique, et plus conforme à ses aspirations : la scène au cours de laquelle Hamilcar fait jurer à Hannibal qu'il le vengera des Romains[1]. Et il avait découvert ensuite, en étudiant la Grèce antique, une culture qui lui avait permis de « surpasser le père ».

Ne pouvant pas *être* Œdipe, Freud s'identifie à la névrose d'Hamlet. Et sa détestation de Vienne, dans ce contexte, est sa façon à lui d'exprimer un désarroi largement partagé par d'autres intellectuels de sa génération. Dans un article de 1961, puis dans un livre publié vingt ans plus tard, Carl Schorske a évoqué cette question en montrant que les contrecoups de la désintégration progressive de l'Empire austro-hongrois avaient fait de cette ville « l'un des plus fertiles bouillons de la culture a-historique de notre siècle. Les grands créateurs en musique, en philosophie, en économie, en architecture et, bien évidemment, en psychanalyse, rompirent plus ou moins délibérément tous les liens avec la perspective historique qui était aux fondements de la culture libérale du XIXe siècle dans laquelle ils avaient été éduqués[2] ».

---

1. Sigmund Freud, *L'Interprétation des rêves, op. cit.*
2. Carl Schorske, *Vienne fin de siècle* (New York, 1981), Paris, Seuil, 1983, p. 10. Cf. aussi *De Vienne et d'ailleurs, op. cit.*

Schorske a également souligné que dans la société viennoise des années 1880, le libéralisme avait été une promesse sans avenir qui écartait le peuple du pouvoir et le conduisait à se laisser guider par des démagogues antisémites. En conséquence, face à cette double attitude de nihilisme social et de déferlement de haine, les fils de la bourgeoisie rejetèrent les illusions de leurs pères pour se tourner vers d'autres aspirations ou vers d'autres modalités d'explication du désarroi qui les envahissait : fascination pour la mort et l'atemporalité chez Freud, utopie d'une terre promise chez Theodor Herzl, déconstruction du moi pour Hugo von Hofmannsthal, suicide ou conversion chez des intellectuels comme Karl Kraus ou Otto Weininger – habités par la haine de soi juive –, invention enfin de formes littéraires originales avec Joseph Roth, Arthur Schnitzler ou Robert Musil.

Vingt ans avant Schorske, Max Horkheimer, théoricien de l'école de Francfort, qui s'était lui-même inspiré de la psychanalyse dans sa critique de l'institution familiale, avait déjà saisi combien Freud avait été marqué, non pas par les mœurs de la bourgeoisie viennoise, mais par la situation historique concrète dans laquelle il avait élaboré son œuvre : « Plus une œuvre est grande, plus elle est enracinée dans une situation historique concrète. Il n'y a qu'à regarder de plus près ce rapport entre la Vienne libérale de l'époque et la méthode originale de Freud pour voir à quel point c'était un grand penseur. C'est justement la décadence de la vie familiale bourgeoise qui permit à sa théorie de parvenir à ce nouveau stade qui apparaît dans *Au-delà du principe de plaisir*[1]. »

Bref, Vienne n'est pas si loin de Thèbes, et la capitale de l'Empire austro-hongrois n'est pas étrangère à ce qui se passe sur les remparts d'Elseneur : d'un côté se déploie l'atemporalité inconsciente d'Œdipe, véritable inscription dans le psychisme d'un ordre symbolique, détenteur de la loi du père, de l'autre se profile le moi – ego coupable d'un sujet copernicien – en proie à l'illusion de la maîtrise de ses passions : Hamlet l'irrésolu, l'hystérique, le souverain mélancolique d'une traversée du féminin.

Dans cette perspective d'une division de la psyché entre deux instances, on peut réinterpréter, en termes freudiens, l'*Œdipe roi* de Sophocle et en faire, sans avoir à recourir à la psychologie du complexe, une authentique tragédie de la rébellion des fils contre les pères. On peut dire, par exemple, qu'en actualisant l'ancienne légende des Labdacides Sophocle a mis en scène la révolte du rationalisme athénien contre la toute-puissance archaïque de l'ancienne patriarchie incarnée par l'oracle de Delphes. Celui-ci détient le pouvoir d'énoncer la vérité, mais il n'a pas celui de dire quel sera le héros capable de la découvrir. La seule liberté tragique dont dispose Œdipe est donc de pouvoir prendre libre-

---

1. Max Horkheimer, *Théorie traditionnelle et théorie critique,* Paris, Gallimard, 1974, p. 56-57. Il écrit cela dans une lettre de 1942 adressée à Richard Löwenthal. A cette époque, Horkheimer a accepté la thèse freudienne de la pulsion de mort énoncée dans Sigmund Freud, *Au-delà du principe de plaisir* (1920), in *Œuvres complètes,* vol. XV, Paris, PUF, 1996, p. 273-239.

ment la décision de trouver le coupable du crime afin de dire la vérité au peuple. Dans cette interprétation, Œdipe est un sujet libre de décider ou de ne pas décider d'apporter la lumière à la cité, malgré l'oracle, malgré son destin, malgré son inconscient[1]. Cet Œdipe-là est celui que Freud reconstruit à l'aide d'Hamlet.

Pour mieux affirmer combien sont nécessaires à la fois la révolte du fils et l'invention d'une nouvelle loi du père qui ne soit pas la restauration d'une ancienne patriarchie, Freud ajoute à Œdipe et à Hamlet un troisième personnage, collectif en quelque sorte : les frères Karamazov[2]. Dans ce roman de Dostoïevski, « le plus grandiose qui ait jamais été écrit[3] » selon lui, s'accomplit, non pas le meurtre du père par un fils ignorant (Œdipe), ou la mise à mort de l'oncle par le fils du père assassiné (Hamlet), mais un véritable parricide, collectivement réalisé par les fils du père. Chacun des frères désire tuer le père, mais un seul d'entre eux passe à l'acte : Smerdiakov. Bâtard et épileptique, surnommé « le puant », il a pour mère une servante simple d'esprit dont son père a abusé. Aussi a-t-il été poussé au meurtre par son demi-frère Ivan, cynique théoricien nihiliste du « tout est permis », lequel a tramé le scé-

---

1. C'est l'interprétation donnée par Jacques Le Rider dans *Freud, de l'Acropole au Sinaï, op. cit.,* p. 200.
2. Fedor Dostoïevski, *Les Frères Karamazov* (1879-1880), Paris, Gallimard, 1935 ; Sigmund Freud, « Dostoïevski et la mise à mort du père », *op. cit.*
3. Sigmund Freud, « Dostoïevski... », *op. cit.*, p. 207.

nario du crime pour que son frère de sang, Dimitri, jouisseur invétéré, en soit accusé.

Dans le roman, Ivan, porte-parole de la légende du *Grand Inquisiteur*, sombre dans la folie à la pensée d'être moralement responsable du meurtre commis par Smerdiakov, qui se suicide. Après avoir été jugé coupable au cours d'un procès ridicule, Dimitri fait progressivement retour aux valeurs de l'« âme russe », grâce à son demi-frère Aliocha, le mystique d'allure féminine, fils de la deuxième femme du père que celui-ci a rendue folle. Contre le droit, et plus encore contre les expertises psychologiques absurdes d'un tribunal qui prétend dire la vérité au nom de la rationalité moderne, en « démontrant » notamment que celui qui a désiré le crime en est forcément l'auteur, le véritable meurtrier, Smerdiakov, se fait lui aussi *rédempteur*, portant en lui, comme le Christ sa croix, la vérité d'un acte que ses autres frères ont voulu commettre sans y parvenir.

Le principal responsable de ce désordre familial, comme le souligne Freud, est le père, Fedor Karamazov, décrit par Dostoïevski comme un monstre violeur et débauché, et surtout comme l'instigateur de cette généalogie de la folie criminelle qui conduira ses fils à la ruine.

On comprend pourquoi Freud relie le destin des frères Karamazov à celui d'Œdipe et d'Hamlet. Si Œdipe est coupable d'avoir un inconscient et si Hamlet est coupable de se sentir coupable, Smerdiakov et Ivan sont coupables parce qu'ils sont, chacun à sa façon, des assassins, le premier parce qu'il a tué, le second parce qu'il a poussé le premier au crime : « Notre inconscient pratique le meurtre pour des vétilles […], dit Freud. Il ne connaît pour les crimes aucun autre châtiment que la mort[1]. » Quant à Dimitri, il est coupable de son désir de tuer, de sa haine du père, dont il est réellement le rival, puisqu'il couche avec Grouchenka, la maîtresse de son père, féroce et angélique, créature de Dieu et du diable. Mais le pire de tous, le plus criminel, le plus lubrique, restera toujours le père, héritier immuable d'une dévoration tribale.

Freud ne partage pas les opinions conservatrices de Dostoïevski et il lui reproche d'attaquer l'« homme éthique » en son essence, non pas celui qui reconnaît la faute et accepte la punition, mais celui pour qui la pénitence rend possible, voire acceptable, le meurtre : « Le résultat final des luttes morales de Dostoïevski n'a rien de glorieux. Après les combats les plus vifs pour concilier les revendications pulsionnelles de l'individu avec les exigences de la communauté humaine, il en arrive de façon rétrograde à la soumission à l'autorité séculière, tout comme à l'autorité spirituelle, à la vénération pour le tsar et le Dieu des chrétiens et à un nationalisme russe étriqué – position à laquelle des esprits de moindre envergure sont parvenus avec moins de peine. C'est là le point faible de cette grande personnalité. Dostoïevski a négligé de devenir un professeur et libérateur des hommes, il s'est associé à leurs geôliers. L'avenir culturel des hommes aura peu à lui devoir[2]. »

---

1. Sigmund Freud, « Actuelles sur la guerre et la mort » (1915), in *Œuvres complètes,* vol. XIII, Paris, PUF, 1988, p. 37.

2. Sigmund Freud, « Dostoïevski… », *op. cit.*, p. 208. Malheureusement, dans la suite de l'article, Freud ne peut s'empêcher

De fait, en associant Œdipe et Hamlet aux frères Karamazov, Freud achève sa trilogie de la révolte des fils contre le père sans avoir jamais réellement évoqué la figure du père. Laïos lui est aussi étranger que le spectre qui incite Hamlet à la vengeance, et Fedor Karamazov ne l'intéresse que pour autant qu'il lui permet de prendre le contre-pied de Dostoïevski. Pour résumer la position freudienne, on dira que dans la tragédie d'*Œdipe* le meurtre du père est le fait d'un désir inconscient, que dans le drame d'*Hamlet* il est un acte manqué lié à une conscience coupable, et que dans le roman de Dostoïevski il est la conséquence à la fois d'une préméditation et d'une pulsion. En aucun cas il n'est justifiable, et c'est pourquoi Freud refusera toujours l'idée qu'un crime puisse être racheté par une quelconque rédemption. Bien au contraire – et quelle que soit sa nécessité –, le crime doit être sanctionné.

On savait donc maintenant ce qu'il en était pour Freud de la rébellion des fils. On savait qui avait tué le père, de quoi le fils se sentait coupable, qui était le commanditaire du crime, et qui le coupable de l'acte meurtrier. Mais il restait une énigme à résoudre dans cette sombre affaire de famille.

Qui est le père ? Pourquoi faut-il le mettre à mort ? Que faire de ses dépouilles ? Telle fut la question posée par Freud entre 1912 et 1938, dans deux ouvrages majeurs qui lui furent inspirés, l'un par les travaux de l'anthropologie évolutionniste de la fin du XIXe siècle,

---

d'attribuer cette position à une névrose de l'écrivain consécutive à un complexe d'Œdipe mal résolu. Une fois de plus, il cède à ce penchant interprétatif que, par ailleurs, il combat.

l'autre par diverses recherches sur la genèse de l'épopée biblique : *Totem et tabou* et *L'Homme Moïse et le monothéisme*.

En un temps primitif, raconte Freud en adoptant le style de Darwin, les hommes vécurent au sein de petites hordes, chacune soumise au pouvoir despotique d'un mâle qui s'appropriait les femelles. Un jour, les fils de la tribu, en rébellion contre le père, mirent fin au règne de la horde sauvage. Dans un acte de violence collective, ils tuèrent le père et mangèrent son cadavre. Cependant, après le meurtre, ils éprouvèrent du repentir, renièrent leur forfait puis inventèrent un nouvel ordre social en instaurant simultanément l'exogamie, l'interdit de l'inceste et le totémisme. Tel fut le socle légendaire commun à toutes les religions, et notamment au monothéisme.

Dans cette perspective, le complexe d'Œdipe, selon Freud, n'est que l'expression des deux désirs refoulés – désir d'inceste, désir de tuer le père – contenus dans les deux tabous propres au totémisme[1] : interdit de l'inceste, interdit de tuer le père-totem. Le complexe est donc universel puisqu'il est la traduction psychique

---

1. La théorie du totémisme fascina la première génération des anthropologues, de même que l'hystérie passionna les médecins de la même époque. Il consistait à établir une connexion entre une espèce naturelle (un animal) et un clan exogame afin de rendre compte d'une unité originelle des divers faits ethnographiques. Venu de Polynésie et introduit par le capitaine Cook en 1777, le mot « tabou » avait fait fortune ensuite dans un double sens : l'un spécifique aux cultures dont il était issu, l'autre exprimant l'interdit dans sa généralité. Cf. Claude Lévi-Strauss, *Le Totémisme aujourd'hui*, Paris, PUF, 1962.

des deux grands interdits fondateurs de la société humaine.

Au-delà du complexe, Freud propose, avec *Totem et tabou*, une théorie du pouvoir centrée sur trois impératifs : nécessité d'un acte fondateur (le crime), nécessité de la loi (la sanction), nécessité du renoncement au despotisme de la tyrannie patriarchique incarné par le père de la horde sauvage[1]. A ces trois impératifs correspondent, toujours selon Freud, trois stades de l'histoire des sociétés et des religions, trois stades aussi de l'évolution psychique du sujet. A la période animiste, l'homme s'attribue la toute-puissance et celle-ci n'est alors qu'un équivalent du narcissisme infantile. A la phase religieuse, il délègue sa puissance aux dieux, comme à ses parents dans le complexe d'Œdipe. Enfin, à l'époque scientifique ou spirituelle, il la projette sur un *logos*, détachant ainsi la raison de tout objet fétiche.

En 1938, Freud étend ce schéma à la genèse du monothéisme judéo-chrétien. Celui-ci, dit-il en substance, n'est pas une invention juive mais égyptienne, et le texte biblique n'a fait ensuite que déplacer son origine dans un temps mythique en attribuant sa fondation à Abraham et à ses descendants. En réalité, il est issu du pharaon Amenhotep IV, qui en avait fait une religion sous la forme d'un culte du dieu solaire Aton. Pour bannir l'ancien culte, il avait pris le nom d'Akhenaton. A sa suite, Moïse, haut dignitaire égyptien, chef d'une tribu sémite, avait fait du monothéisme

---

1. Cf. Eugène Enriquez, *De la horde à l'État,* Paris, Gallimard, 1983.

une religion hautement spiritualisée, comparable à la philosophie grecque et capable de rejeter l'animisme et les dieux du paganisme au profit d'un dieu unique et invisible.

Pour la bien distinguer des autres, il avait imposé aux siens le rite égyptien de la circoncision, cherchant ainsi à leur prouver que Dieu avait élu, par cette alliance, le peuple dont Moïse était le chef. Mais le peuple rejeta la nouvelle religion et, dans un acte de vengeance collective, il tua le prophète puis refoula le souvenir du meurtre qui fit retour avec le christianisme : « L'ancien Dieu, écrit Freud, le Dieu-père passa au second plan. Le Christ, son fils, prit sa place comme aurait voulu le faire à une époque révolue chacun des fils révoltés. Paul, le continuateur du judaïsme, fut aussi son destructeur. S'il réussit, ce fut certainement d'abord parce que, grâce à l'idée de rédemption, il parvint à conjurer le spectre de la culpabilité humaine, et ensuite parce qu'il abandonna l'idée que le peuple juif était le peuple élu et qu'il renonça au signe visible de cette élection : la circoncision. La nouvelle religion put ainsi devenir universelle et s'adresser à tous les hommes[1]. »

Si la société humaine, dans son universalité, avait été engendrée par un crime des fils contre le père, mettant fin au règne despotique de la horde sauvage, puis par l'instauration d'une loi par laquelle la figure symbolique du père se trouvait revalorisée, le monothéisme devait obéir au même scénario. C'est ainsi que Freud

---

1. Sigmund Freud, *L'Homme Moïse...*, *op. cit.*, p. 180.

expliqua qu'avec le meurtre de Moïse la religion du père (le judaïsme) avait donné naissance à celle du fils (le christianisme), fondée sur la reconnaissance de la culpabilité liée à ce meurtre nécessaire. Dans le christianisme, le meurtre était expié par la mise à mort du fils et par l'abandon de la circoncision, qui signifiait la perte du signe distinctif de l'alliance par lequel le judaïsme s'était voulu la religion du peuple élu. Par cette perte, le christianisme était devenu une religion universelle, mais culturellement régressive, et le judaïsme une religion « fossile » mais élitiste et porteuse d'un plus haut degré de spiritualisation. Le monothéisme, selon Freud, récapitulait l'histoire interminable de l'instauration de la loi du père et du *logos* séparateur sur laquelle Freud avait bâti toute sa doctrine de la famille œdipienne.

Alors que dans *Totem et tabou* Freud reste attaché, pour décrire le meurtre originaire, à la théorie darwinienne des stades et de la horde sauvage, dans *L'Homme Moïse* il privilégie au contraire – sans le dire clairement – les deux figures plus intellectuelles d'Œdipe et d'Hamlet. Si l'on suit attentivement le texte, on peut faire l'hypothèse que cette référence aux deux grandes dynasties héroïques de la culture occidentale – l'une, rappelons-le, issue du mythe grec et l'autre du théâtre élisabéthain – le conduit à changer de position sur la réalité du crime. Car dans *L'Homme Moïse* il affirme, contrairement à ce qu'il avait écrit dans *Totem et tabou,* que l'état originel de la société n'existe nulle part et que le crime n'a pas besoin d'avoir été réellement perpétré : seule compte la puissance symbolique liée à son origine supposée. Intériorisé par l'histoire collective, l'état originel de la société l'est aussi dans celle, individuelle, du sujet. Et c'est ainsi que la tragédie œdipienne répète celle de la horde, au même titre que la religion du fils (le christianisme) récapitule celle du père (le judaïsme). Mais pour que cette répétition soit possible et que le crime soit sanctionné par l'aveu du désir coupable – ou de la culpabilité réelle –, encore faut-il que l'origine soit impossible à cerner.

Freud apportait ainsi au monde occidental une théorie anthropologique de la famille et de la société fondée sur deux éléments majeurs : la culpabilité, la loi morale. Et l'on peut en déduire l'idée, si l'on se veut freudien, que les conditions de la liberté subjective et l'exercice du désir supposent toujours un conflit entre l'un et le multiple, entre l'autorité et la contestation de l'autorité, entre l'universel et la différence, mais qu'ils ne se confondent jamais avec la jouissance pulsionnelle illimitée telle qu'on la voit à l'œuvre, par exemple, dans le crime, la cruauté, la pornographie ou la négation systématique de toutes les formes du *logos* séparateur ou de l'ordre symbolique.

A cet égard, le meurtre du père dans ses variantes – régicide, parricide, etc. – n'est pensable comme condition nécessaire à la famille et à la société que s'il s'accompagne d'une réconciliation des fils entre eux et avec l'image du père. C'est en soutenant cette thèse que Freud récuse l'idée que la rédemption – au sens de Dostoïevski – puisse autoriser le crime. Et c'est à cause d'elle qu'il se montre favorable à la fois au régicide et à l'abolition de la peine de mort[1], à l'avènement des sociétés de droit et à la nécessité du meurtre fondateur.

Au-delà du complexe et de ses dérives psychologiques contemporaines, les héros imaginés par Sophocle, Shakespeare ou Dostoïevski, puis transférés par Freud dans le psychisme individuel, éclairent l'un des aspects les plus subtils de l'invention psychanalytique : la corrélation qu'elle établit, à la fin du XIXᵉ siècle, entre le sentiment du déclin de la fonction paternelle et la volonté d'inscrire la famille au cœur d'un nouvel ordre symbolique, incarné non plus par un père défait de sa puissance divine, puis réinvesti dans l'idéal économique et privé du *pater familias,* mais par un fils devenu père parce qu'il aurait reçu en héritage la grande figure détruite d'un patriarche mutilé.

Dans cette configuration tragique de la psyché, qui apparaît à l'aube du XXᵉ siècle, quelle place convient-il d'attribuer à ce patriarche mutilé, confronté au surgis-

---

1. Freud admirait à la fois Cromwell et la monarchie anglaise. C'est par la bouche de son disciple viennois Theodor Reik qu'il se rangea dans le camp des abolitionnistes : « Si l'humanité, déclarait ce dernier en 1926, continue à dénier à la peine de mort son caractère de meurtre sanctionné par la loi, c'est parce qu'elle s'est toujours refusée jusqu'ici à regarder la réalité en face, à reconnaître l'existence de la vie affective inconsciente. Ma position vis-à-vis de la peine capitale n'est donc pas dictée par des raisons humanitaires, mais par la reconnaissance de la nécessité psychologique de l'interdit universel : tu ne tueras point […]. J'affirme être un adversaire résolu du meurtre, qu'il se présente sous la forme d'un crime individuel ou de représailles exercées par l'État. » (Theodor Reik, *Le Besoin d'avouer,* Paris, Payot, 1997, p. 401).

sement d'une sexualité qui tend à s'émanciper de la procréation ? Est-il en état de survivre à ce long chemin de souffrance, lui qui est, jour après jour, saisi de vertige devant la suspension progressive des principes mêmes sur lesquels se fondait son autorité ?

5

Le patriarche mutilé

Tout au long du XXe siècle, l'invention freudienne du complexe d'Œdipe fut interprétée de trois façons différentes : par les libertaires et les féministes, comme une tentative de sauvetage de la famille patriarcale ; par les conservateurs, comme un projet de destruction pansexualiste[1] de la famille et de l'État, en tant que celui-ci était en train de se substituer, partout en Europe, à l'ancienne autorité monarchique ; par les psychanalystes, enfin, comme un modèle psychologique capable de restaurer un ordre familial normalisant dans lequel les figures du père et de la mère seraient déterminées par le primat de la différence sexuelle. Selon cette dernière approche, chaque fils était appelé à devenir le rival de son père, chaque fille la concurrente de sa mère, et tout enfant le produit d'une scène primitive, souvenir fantasmé d'un coït irreprésentable.

---

1. Durant la première moitié du XXe siècle, on utilisa le terme « pansexualisme » pour désigner de façon péjorative la psychanalyse, à laquelle on reprochait de réduire l'homme à sa génitalité.

Si des jugements aussi contradictoires ont pu s'affirmer avec autant de vigueur, au point d'être toujours d'actualité à l'aube du troisième millénaire, c'est que l'invention freudienne – du moins peut-on en faire l'hypothèse – fut à l'origine d'une nouvelle conception de la famille occidentale susceptible de prendre en compte, à la lumière des grands mythes, non seulement le déclin de la souveraineté du père, mais aussi le principe d'une émancipation de la subjectivité.

Elle fut en quelque sorte le paradigme de l'avènement de la famille affective contemporaine, puisqu'elle rendait compte, en faisant de celle-ci une structure psychique universelle, d'un mode de relation conjugale entre les hommes et les femmes qui ne reposait plus sur une contrainte liée à la volonté des pères mais sur un choix librement consenti entre les fils et les filles. Le roman familial freudien supposait en effet que l'amour et le désir, le sexe et la passion fussent inscrits au cœur de l'institution du mariage.

Ayant fort bien saisi la signification de l'invention freudienne, les historiens de la famille se montrèrent souvent plus novateurs que les psychanalystes dans leur déchiffrement de l'évolution des structures familiales modernes. Ainsi, dans un ouvrage publié en 1975, Edward Shorter se sert de la conceptualité freudienne pour analyser la révolution sentimentale qui s'est affirmée en Europe pendant tout le XIXe siècle.

Consécutive à la Révolution française et issue de la société civile elle-même, celle-ci a mis fin, progressivement, à l'ancien système des mariages arrangés au profit de l'aventure amoureuse ou de l'amour romantique[1]. En conséquence, explique Shorter, elle bouleversait les relations matrimoniales en rendant inacceptables les mariages prépubères ou l'accouplement des hommes et des femmes de générations différentes : « C'est la tendance croissante à l'égalité de l'âge qui est le signe de l'apparition de l'amour, alors que la disparité prouvait l'existence de considérations utilitaires […]. La révolution sentimentale de l'Europe occidentale a rendu inacceptable l'accouplement d'un homme jeune et d'une femme plus âgée parce que le mécanisme même de l'amour romantique est de nature œdipienne : le coup de foudre, c'est tout simplement tomber amoureux de sa propre mère. Comment auriez-vous eu le temps de connaître et d'apprécier la femme réelle qui se trouve devant vous, vous ne la connaissez que depuis trois minutes ! […] L'attraction inconsciente qu'exerce l'image maternelle produit son rejet conscient. Ainsi, quand les hommes devinrent réellement amoureux, ils se prirent de haine pour les épouses qui risquaient de leur rappeler leur mère de quelque façon que ce fût. Et ils cessèrent donc d'épouser des femmes plus âgées qu'eux[2]. »

La conception freudienne de la famille, comme paradigme de l'avènement de la famille affective, s'appuie

---

1. Ou *romantic love*.
2. Edward Shorter, *Naissance de la famille moderne* (New York, 1975, Paris, 1977), Paris, Seuil, coll. « Points », 1981, p. 192 et 194-195. C'est ainsi que le mariage de Jocaste et d'Œdipe répondait bien à une logique du don et de l'arrangement, et non pas à un désir, comme le pense Freud quand il renverse le mythe en un complexe. En conséquence, l'âge de la reine ne comptait pour rien – ni pour Sophocle, ni pour les Athéniens.

sur une organisation des lois de l'alliance et de la filiation qui, tout en posant le principe de l'interdit de l'inceste et du trouble des générations, conduit chaque homme à découvrir qu'il a un inconscient et donc qu'il est autre que ce qu'il croyait être, ce qui l'oblige à se détacher de toute forme d'enracinement. Ni le sang, ni la race, ni l'hérédité ne peuvent désormais l'empêcher d'accéder à la singularité de son destin. Coupable de désirer sa mère et de vouloir assassiner son père, il se définit, au-delà et en deçà du complexe, comme l'acteur d'un décentrement de sa subjectivité. Bien entendu, un tel sujet est susceptible de servir de cobaye aux approches expérimentales de la psychologie comme aux dérives normatives de la psychanalyse. Car, dans la mesure où Freud rattache la psychanalyse aux figures tutélaires d'une souveraineté mélancolique ou déconstruite – Œdipe, Hamlet, Moïse, etc. –, il en fait l'expression d'une quête de l'identité moderne ; dès lors, sa conception d'un sujet coupable de son désir déborde le cadre réducteur de la clinique du complexe. Et si la psychanalyse se détache de ces figures pour les enfermer dans le complexe, elle risque de se transformer en une procédure d'expertise qui mérite l'hostilité qu'on lui témoigne.

Seul parmi les psychologues de son époque, Freud invente donc une structure psychique de la parenté qui inscrit le désir sexuel – c'est-à-dire la *libido* ou l'*éros*[1] – au cœur de la double loi de l'alliance et de la

---

1. Le mot *libido*, qui signifie désir en latin, était utilisé par les sexologues de la fin du XIXe siècle pour désigner une énergie propre à l'instinct sexuel (*libido sexualis*). Freud le reprit pour désigner la manifestation de la pulsion sexuelle, et, par extension, la sexua-

filiation. Il prive ainsi la vie organique de son monopole sur l'activité psychique, et il différencie le désir sexuel, exprimé par la parole, des pratiques charnelles de la sexualité dont s'occupent les sexologues.

Tout en conférant au désir un statut nouveau, il fait de la famille une nécessité de la civilisation reposant, d'une part, sur la « contrainte au travail » et, de l'autre, sur la puissance de l'amour : « Ce dernier exigeant que ne fussent privés ni l'homme de la femme, son objet sexuel, ni la femme de cette partie séparée d'elle-même qu'était l'enfant. Éros et Ananké [nécessité] sont ainsi devenus les parents de la civilisation humaine, dont le premier succès fut qu'un grand nombre d'êtres purent rester et vivre en commun[1]. »

Non seulement la famille est ainsi définie comme le creuset d'une force essentielle à la civilisation, mais, conformément à la thèse du meurtre du père et de la réconciliation des fils avec la figure de celui-ci, elle est jugée nécessaire à toute forme de rébellion subjective : celle des enfants contre les parents, des citoyens contre l'État, des individus contre la massification. En effet, en contraignant le sujet à se soumettre à la loi d'un *logos* séparateur intériorisé, et donc détaché de la tyrannie patriarchique, la famille l'autorise à entrer en conflit avec elle, tandis que son abolition risquerait de paralyser les forces de résistance qu'elle suscite en lui[2]. On retrouve dans ce principe l'idée qu'Œdipe doit

---

lité humaine en général, distincte de la génitalité (organique). Chez Freud, *éros* désigne l'amour au sens grec et la pulsion de vie.

1. Sigmund Freud, *Malaise dans la civilisation*, *op. cit.*, p. 51.
2. Conscient de l'importance du message freudien, que par ail-

se faire à la fois le restaurateur de l'autorité, le tyran coupable et le fils rebelle. Ces trois figures sont indispensables à l'ordre familial.

Quant à la sexualité, intolérable pour la civilisation dans ses débordements, elle doit être, selon Freud, canalisée sans être réprimée, puisqu'elle ne peut exercer son empire que de deux manières contradictoires : d'un côté comme puissance destructrice, de l'autre comme forme sublimée du désir.

Ni restauration de la tyrannie patriarchique, ni renversement du patriarcat en matriarcat, ni exclusion de l'éros, ni abolition de la famille : telle a été, selon la lecture interprétative que l'on peut faire de ses textes, l'orientation choisie par Freud pour faire admettre au monde l'universalité d'une structure dite « œdipienne » de la parenté. Non seulement celle-ci prétend rendre compte de la nature inconsciente des relations de haine et d'amour entre les hommes et les femmes, entre les mères et les pères, entre les enfants et les parents, et entre les fils et les filles, mais elle recentre l'ancien ordre patriarcal, déjà défait, autour de la question du désir. Seule l'acceptation par le sujet de la réalité de son désir permet à la fois d'inclure l'éros dans la norme, au titre d'un désir coupable – et donc tragique –, et de l'exclure

---

leurs il critique, Theodor Adorno écrit en 1944 : « La mort de la famille paralyse les forces de résistance qu'elle suscitait. L'ordre collectiviste à la montée duquel on assiste n'est qu'une caricature de la société sans classe. » (*Minima Moralia. Réflexions sur la vie mutilée* [Francfort, 1951], Paris, Payot, 2001, p. 19.)

hors de la norme au cas où il deviendrait l'expression d'une jouissance criminelle ou mortifère[1].

On comprend alors pourquoi Freud fut attaqué autant par les partisans de l'abolition de la famille que par les conservateurs, qui lui reprochaient de porter atteinte à la morale civilisée et de réduire l'homme à ses pulsions génitales. Les premiers regardaient la nouvelle loi du *logos* intériorisé comme la reconduction d'un ordre patriarcal d'autant plus autoritaire qu'il se dissimulait dans une conscience coupable, tandis que les seconds y décelaient le principe d'une subversion de toute forme d'autorité au profit d'une sexualisation sauvage du corps social. En réalité, Freud était bien éloigné de ces deux positions, et il ne maintenait la loi du père que pour y introduire l'idée qu'elle était la condition même de l'amour (éros).

Michel Foucault a été l'un des rares philosophes à résumer en quelques lignes la fulgurance de ce geste. En rompant avec les théories de l'hérédité-dégénérescence[2], Freud, dit-il, a convoqué autour de la question du désir l'ancien ordre du pouvoir : « C'est l'honneur politique de la psychanalyse, écrivait-il, – ou du moins

---

1. La position de Freud est donc radicalement antagoniste de celle de Sade.
2. Issue du darwinisme social, la doctrine de l'hérédité-dégénérescence fut une référence majeure pour tous les savoirs de la fin du XIXe siècle (psychiatrie, anthropologie, psychologie, criminologie, sociologie politique). Elle prétendait soumettre l'analyse des phénomènes pathologiques à l'examen de stigmates révélant des « tares » et des « déviances » inscrites dans le corps social, dans le corps organique ou dans le psychisme humain, le tout ayant pour conséquence de faire sombrer la civilisation dans la décadence.

de ce qu'il a pu y avoir de plus cohérent en elle – d'avoir suspecté (et ceci dès sa naissance, c'est-à-dire dès sa ligne de rupture avec la neuropsychiatrie de la dégénérescence) ce qu'il pouvait y avoir d'irréparablement proliférant dans ces mécanismes de pouvoir qui prétendaient contrôler et gérer le quotidien de la sexualité. De là l'effort freudien (par réaction sans doute à la grande montée du racisme qui lui était contemporaine) pour donner comme principe à la sexualité la loi – la loi de l'alliance, de la consanguinité interdite, du père souverain, bref pour convoquer autour du désir tout l'ancien ordre du pouvoir. A cela la psychanalyse doit d'avoir été – à quelques exceptions près et pour l'essentiel – en opposition théorique et pratique avec le fascisme[1]. »

Ce geste de transfert effectué par Freud allait dans le sens d'un mouvement profond de la société qui tendait à émanciper le sexe des contraintes corporelles et pénales que lui avaient imposées les siècles précédents afin de faire de l'individu libre le dépositaire de ses propres châtiments intériorisés. A une sexualité socialement réprimée se substituait ainsi une sexualité admise, mais toujours plus coupable et refoulée[2].

Fondée dès sa naissance sur une telle conception de la sexualité, la psychanalyse fut donc à la fois le symptôme d'un malaise de la société bourgeoise, en proie aux variations de la figure du père, et le remède à ce malaise. Elle contribua à l'éclosion, au sein de la famille affective, de nouveaux modes de parentalité – famille

---

1. Michel Foucault, *La Volonté de savoir, op. cit.*, p. 198.
2. Freud, on le sait, donne le nom de « surmoi » à cette intériorisation des interdits.

dite « recomposée » ou « monoparentale » – tout en devenant le ferment d'un double mouvement social qui liait l'émancipation des femmes, des enfants – et plus tard des homosexuels – à la rébellion des fils contre les pères. C'est pourquoi elle fut portée par l'industrialisation, par l'affaiblissement des croyances religieuses et par un abaissement de plus en plus grand des pouvoirs autocratiques, théocratiques, monarchiques : « La psychanalyse, écrit Freud, nous a fait connaître le rapport intime entre le complexe paternel et la croyance en Dieu, nous a montré que le Dieu personnel n'est psychologiquement rien d'autre qu'un père porté aux nues, et nous donne quotidiennement le spectacle de jeunes qui perdent la foi dès que chez eux s'effondre l'autorité du père. C'est donc dans le complexe parental que nous reconnaissons la racine du besoin religieux[1]. »

Le XIXe siècle a-t-il contribué, comme les deux précédents, à une érotisation progressive des pratiques sexuelles, ou a-t-il, au contraire, favorisé leur répression ? Cette question divise encore les historiens[2]. Pourtant, comme je viens de le souligner, l'idée de l'exhibition n'exclut pas celle de la répression, et si Freud a pu transférer en un nouvel ordre symbolique l'ancienne souveraineté patriarchique, c'est bien parce qu'il restait attaché à la tradition de la famille dite

---

1. Sigmund Freud, *Un souvenir d'enfance de Léonard de Vinci* (1910), Paris, Gallimard, 1987, p. 156.
2. Cf. Jean-Louis Flandrin, *Le Sexe et l'Occident*, op. cit., p. 279-280.

« autoritaire[1] ». Mais il voyait aussi en elle la source des rébellions futures. Et il ne se trompait pas puisqu'elle allait devenir, au XXe siècle, l'enjeu d'un partage incessant entre l'autorité et la liberté, entre l'attachement et l'autonomisation, entre la répression des instincts et l'avènement du désir, entre le groupe et l'individu, entre la soumission et le conflit.

Tous ces agencements montrent que l'érotisation de la sexualité est allée de pair avec une intériorisation dans le psychisme des interdits fondamentaux propres aux sociétés humaines. Et si la psychanalyse repose sur l'idée que le désir est à la fois coupable et nécessaire à l'homme et que la sublimation de l'instinct est la condition de la civilisation, cela signifie qu'elle ne favorise ni la répression de la libido, ni la croyance en son caractère bénéfique. En posant ce principe, Freud fut en avance sur son temps mais en retard sur sa propre innovation. Car il croyait que jamais la civilisation ne parviendrait à dénouer sans préjudice les liens entre le désir sexuel et la procréation : « La civilisation d'aujourd'hui, écrit-il en 1930, donne clairement à entendre qu'elle admet les relations sexuelles à l'unique condition qu'elles aient pour base l'union indissoluble, et contractée une fois pour toutes, d'un homme et d'une femme ; qu'elle ne tolère pas la sexualité en tant que source autonome de plaisir et n'est disposée à l'admettre qu'à titre d'agent de multiplication que rien jusqu'ici n'a pu remplacer[2]. »

---

1. Issue des sociétés germaniques.
2. Sigmund Freud, *Malaise dans la civilisation, op. cit.*, p. 57. Sur la question de la rupture entre désir sexuel et procréation, on se reportera au chapitre VII du présent ouvrage : « La puissance des mères ».

Ainsi Freud méconnaît-il la force de la rupture qu'il a initiée en refusant de voir combien elle contribue déjà à la séparation du désir et de la procréation sans pourtant mettre en péril la civilisation. Car, à ses yeux, le véritable danger pour la culture ne réside pas dans cette dissociation, mais dans la puissance infinie de la cruauté humaine soutenue par la science et la technologie.

En 1976, Michel Foucault prend le parti de l'érotisation contre celui de la répression : « Longtemps nous aurions supporté, et nous subirions encore, un régime victorien. L'impériale bégueule figurerait au blason de notre sexualité, retenue, muette, hypocrite [...]. Avançons l'hypothèse générale du travail. La société qui se développe au XVIIIe siècle – qu'on appellera comme on voudra bourgeoise, capitaliste ou industrielle – n'a pas opposé au sexe un refus fondamental de le reconnaître. Elle a au contraire mis en œuvre tout un appareil pour produire sur lui des discours vrais[1]. »

De fait, si l'on observe l'évolution des sociétés occidentales de la fin du XIXe siècle jusqu'au milieu du XXe, on s'aperçoit que, contrairement à ce qu'affirme Foucault, ces deux mouvements – répression et exhibition de la sexualité – ne sont jamais exclusifs l'un de l'autre. En conséquence, le modèle œdipien, qui les prend en compte sans les opposer, est bien la traduction d'une organisation nouvelle de la famille, issue de la société civile elle-même, et reposant sur trois phénomènes marquants : la révolution de l'affectivité, qui

---

1. Michel Foucault, *La Volonté de savoir, op. cit.*, p. 9 et 92.

exige de plus en plus que le mariage bourgeois soit associé au sentiment amoureux et à l'épanouissement de la sexualité féminine et masculine ; la place prépondérante accordée à l'enfant, qui a pour effet de « maternaliser » la cellule familiale ; la pratique systématique d'une contraception spontanée, qui dissocie le désir sexuel de la procréation et donne ainsi naissance à une organisation plus individualiste de la famille.

A la fin du XIXe siècle, dans la plupart des pays occidentaux[1], le mariage tardif – entre vingt et vingt-cinq ans – s'était déjà substitué au mariage arrangé[2]. Au culte du libertinage autrefois réservé à l'aristocratie, et à l'emprise de la religion, qui renvoyait le sujet à une confrontation secrète avec lui-même, succéda alors une politique rationnelle et volontariste qui visait à classer les comportements humains et à imposer à chaque individu un exercice correct de la sexualité. Toute la terminologie de la médecine mentale, de la psychologie et de la sexologie naquit de ce vaste mouvement qui escorta la marche de la société vers l'égalité démocratique.

La valorisation du mariage d'amour se traduisit par l'élaboration d'une morale civilisée, beaucoup plus accentuée dans les pays puritains et protestants que dans les pays catholiques[3]. Fondée sur la monopolisa-

---

1. En Europe du Nord, du Centre et de l'Ouest, mais aussi dans la Nouvelle-Angleterre.

2. Ou « prépubertaire ».

3. Obéissant au principe du *holy matrimony*, cette morale exaltait le lien conjugal. Alexis de Tocqueville remarquait déjà en 1840 que les Européens et les Américains n'avaient pas la même conception de la faute en matière de relations sexuelles : « Chez les Américains, la pureté des mœurs dans le mariage et le respect de la

tion de l'affect par l'institution matrimoniale, celle-ci exigeait que l'amour et la passion, autrefois réservés aux amants, fussent désormais assumés par les époux[1]. Elle servit donc à condamner radicalement toutes les pratiques dites de « fornication » – masturbation, sodomie, fellation, etc. –, ainsi que toutes les relations charnelles extérieures à la conjugalité. Effrayés par le pouvoir de l'énergie sexuelle – dont on découvrait les méfaits dans les corps convulsés des femmes hystériques –, les tenants de l'éthique protestante entamèrent, autour de 1900, une croisade contre sa possible « déperdition ». Pour être utile à la famille industrieuse, la libido devait être canalisée, désexualisée, mesurée, ou encore orientée vers des activités dites « rentables » comme l'instruction ou l'économie. Au cas où elle échapperait au carcan de la codification, pensait-on, elle menacerait la société d'une abolition de la différence des sexes. Les

---

foi conjugale sont également imposés à l'homme et à la femme, et le séducteur est aussi déshonoré que sa victime. » (*De la démocratie en Amérique* [1935], Paris, Robert Laffont, coll. « Bouquins », 1986, p. 574.)

1. Edward Shorter appelle *romantic love* cette révolution (in *La Naissance de la famille moderne, op. cit.*) De son côté, Alain Corbin souligne qu'elle se manifeste aussi, sous une forme inversée, notamment en France, dans le phénomène bourgeois de l'adultère, qui n'est rien d'autre que la construction d'une deuxième famille en regard de la première (la fameuse « double famille » de Balzac). Tandis que les maris installent leurs maîtresses dans des « meublés », leurs épouses s'érotisent auprès de leurs amants. De même, bon nombre de prostituées des beaux quartiers se mettent à ressembler à des femmes respectables. Cf. « La fascination de l'adultère », in *Amour et sexualité en Occident,* volume collectif, introduction de Georges Duby, Paris, Seuil, coll. « Points », 1991, p. 133-139.

femmes se transformeraient en hommes, les hommes en femmes, et la mère patrie en un lupanar d'invertis et de bisexuels.

Pour éviter l'apocalypse, il fallait donc que la libido fût contrôlée à l'intérieur même de la conjugalité bourgeoise. Ainsi, à l'interdiction du plaisir *hors mariage* débouchant sur l'abstinence obligatoire répondait en symétrie la volonté de lutter, *dans le mariage*, contre la frigidité des femmes et l'impuissance des hommes. Un bon mariage civilisé supposait la contrainte d'une sexualité normalisée, centrée autant sur le coït que sur l'orgasme et la procréation. Mais en contrepartie, hors des liens du mariage, aucune sexualité normale n'avait le droit de s'exprimer[1].

Ce programme victorien ne pouvait que provoquer un désastre. Aussi fut-il contesté en Europe et aux États-Unis par les représentants des différents mouvements de libération : féministes, libertaires, réformistes, libéraux, théoriciens de la révolution sexuelle et de l'« amour libre », écrivains, sexologues, médecins. Le plus célèbre d'entre eux, Henry Havelock Ellis, n'hésita pas à le malmener en exaltant les vertus de l'éros et en célébrant l'utopie à venir d'un idéal de tolérance et de bonheur. Quant à Freud, qui en avait été lui-même la victime, puisqu'il avait dû s'abstenir de toute relation charnelle avec sa future épouse durant les cinq années de fiançailles, il lui imputait « l'accroissement des

---

1. Ce programme prônant l'abstinence sexuelle des hommes et des femmes avant le mariage et condamnant toute forme d'adultère a été actualisé en 2002 par George W. Bush, président des États-Unis, issu du parti républicain.

maladies nerveuses dans la société moderne » et il lui opposait sa propre conception éthique d'une libido bien tempérée[1].

L'épanouissement de cette morale civilisée alla de pair avec une mutation des pratiques de contraception. Jusqu'à la fin du XVIIIe siècle, les fluctuations démographiques européennes connurent peu de changement et la natalité demeura relativement stable en regard du taux de mortalité adulte et infantile. Si les femmes de toutes les couches sociales avaient recours à différentes techniques contraceptives, plus ou moins efficaces, et si l'avortement était fréquent, l'infanticide et l'abandon demeuraient, depuis des siècles, les deux moyens le plus couramment utilisés pour le contrôle de la fécondité. Sans doute la perte d'un enfant, et notamment celle d'un fils, était-elle une source de souffrance pour le père et pour la mère. Mais l'amour parental coexistait fort bien avec de telles pratiques. Car l'enfant était alors regardé, avant tout, comme *la chose* des parents, comme un objet entièrement soumis à leur volonté[2]. Aussi fallait-il le condamner à mort, comme le fut Œdipe à sa naissance, quand il risquait de

---

1. Sigmund Freud, « La morale sexuelle civilisée et la maladie nerveuse des temps modernes » (1908), in *La Vie sexuelle,* Paris, PUF, 1970. Henry Havelock Ellis (1859-1939), médecin, écrivain et sexologue anglais. Homosexuel lui-même, il se révolta contre les codes moraux de l'Angleterre victorienne et fit paraître ses ouvrages aux États-Unis, où son influence fut importante. Il fut l'ami de Freud, malgré de nombreux désaccords théoriques.

2. Sur la naissance de l'instinct maternel, cf. Élisabeth Badinter, *L'Amour en plus,* Paris, Flammarion, 1980 ; Le Livre de Poche n° 5636.

mettre la famille en péril. L'Église eut beau réprouver de tels actes, elle ne contribua guère à les empêcher[1].

A partir de la Révolution, en France notamment, puis en Europe pendant tout le XIXe siècle, on assista à une diminution importante de la natalité, qui ne s'explique que par une profonde mutation survenue dans la vie des familles. Si l'amour avait droit de cité au cœur de l'institution matrimoniale, et si l'épouse avait droit à une sexualité sinon épanouie, du moins reconnue, cela signifiait, d'une part, que l'homme devait contrôler ses actes sexuels, soit par l'abstinence, soit par le *coitus interruptus*, soit par des rapports prolongés sans éjaculation, et, d'autre part, que l'enfant cessait d'être une chose pour devenir, lui aussi, un sujet à part entière[2]. En conséquence, se développa une attitude nouvelle à l'égard du nourrisson et du bébé.

C'est ainsi que, tout au long du XIXe siècle, les préceptes énoncés par Rousseau et par la philosophie des Lumières trouvèrent un écho dans toutes les couches de la population. On incita les mères à allaiter leurs enfants et à ne plus les confier à des nourrices et, de même, on renonça progressivement à la coutume de l'emmaillotage, qui enfermait le bébé dans ses excréments et lui interdisait toute liberté de mouvement.

La pratique de ces formes masculines de contracep-

---

1. Philippe Ariès, « La contraception autrefois », in *Amour et sexualité en Occident, op. cit.*, p. 115-130.
2. Notons que Freud, après avoir pratiqué l'abstinence forcée durant ses fiançailles prolongées, y eut recours volontairement à l'âge de quarante ans comme moyen contraceptif, après la naissance de son sixième et dernier enfant.

tion eut pour corollaire une baisse de la natalité et une criminalisation de l'infanticide[1]. Investi d'une puissance généalogique nouvelle, l'enfant fut alors regardé, au sein de la famille bourgeoise, comme un placement dans la transmission du patrimoine, et comme un être désirable, et non plus fabriqué à la chaîne sans contrôle. D'où, en contrepartie, l'intérêt croissant porté par les médecins et les sexologues de la fin du XIXe siècle à la sexualité infantile, à l'« enfant masturbateur[2] » : « L'enfant est apparu pour être aimé et éduqué, écrit Jean-Louis Flandrin, et c'est dans la conscience de ces devoirs d'amour et d'éducation, c'est autour de l'enfant que la famille moderne s'est constituée en cellule de base de notre société. Cette mutation, fondamentale en soi, explique aussi la révolution démographique du XIXe siècle : c'est parce que la famille s'est fondée autour de l'enfant, parce que le couple s'est senti, dans chacun de ses actes, responsable de l'avenir de l'enfant, qu'il en est "venu" à planifier les naissances[3]. »

Cette transformation de la sexualité et du regard porté sur la femme et l'enfant au sein de la famille donna lieu à un agencement inédit des relations d'alliance. Au lieu d'être réduite à son rôle d'épouse ou de mère, la femme s'individualisa au fur et à mesure que l'accès au plai-

---

[1]. L'infanticide comme moyen contraceptif fut remplacé par l'abandon au XVIIIe siècle, avant d'être regardé comme une pathologie meurtrière par la psychiatrie.

[2]. Selon le mot de Foucault dans *La Volonté de savoir, op. cit.*

[3]. Jean-Louis Flandrin, *Le Sexe et l'Occident, op. cit.*, p. 144. Flandrin commente ici l'ouvrage de Philippe Ariès *L'Enfant et la vie familiale sous l'Ancien Régime* (1960), Paris, Seuil, 1973.

sir était distingué de la procréation. Quant à l'enfant, il se projeta dans une identité différente de celle de ses parents. Dès lors, la domination paternelle ne put s'exercer que dans un partage consenti qui respectait la place de chacun des partenaires liés par l'institution matrimoniale. Freud théorisa ce passage de l'enfant-objet à l'enfant-sujet en montrant que celui-ci demeure toujours, pour ses parents, un prolongement d'eux-mêmes. En conséquence, la mort de l'enfant avant celle des parents s'apparente, selon lui, à une monstrueuse blessure narcissique[1].

L'ordre symbolique qui résultait de la progressive séparation du sexe et de la procréation servit, paradoxalement, à pérenniser les anciennes convictions sur la différence sexuelle selon lesquelles les années de « mignotage » prolongent la fusion avec la mère, tandis que l'éducation s'apparente à un dressage paternel, seul susceptible d'arracher l'enfant aux excès de la mollesse maternelle. Mais en même temps, il reposa de moins en moins sur l'idée que de telles convictions fussent inscrites dans la nature même de la différence sexuelle, comme l'avaient affirmé les philosophes des Lumières[2].

De fait, ce nouvel ordre symbolique, incarné par le patriarche mutilé, et dont Freud s'était voulu le porte-

---

1. Sigmund Freud et Ludwig Binswanger, *Correspondance, 1908-1938*, Paris, Calmann-Lévy, 1995, p. 225. Freud éprouvera ce sentiment après la mort de sa fille Sophie en 1920, qui sera suivie de celle de son petit-fils.

2. Cette question sera traitée au chapitre VI : « Les femmes ont un sexe ».

parole en faisant dériver du meurtre du père l'émancipation sexuelle des fils et des femmes, fut bientôt érigé en un principe civilisateur et laïque. Et c'est pourquoi, de plus en plus soucieux d'échapper aux contingences évolutionnistes, ses théoriciens cherchèrent sa trace dans les descriptions de l'anthropologie du premier quart du XXe siècle, qui privilégiaient l'étude rationnelle et comparative de la parenté au détriment de toute morale familialiste. En conséquence, ce nouvel ordre symbolique fut à la fois moins coercitif que le pouvoir patriarcal dont il dérivait, et plus rigoureux dans sa volonté d'imposer à la société sa légitimité. Il servit donc autant à prolonger qu'à ébranler les vieilles coutumes.

Jusqu'en 1970, il fut le réceptacle d'une évolution de la société qui entérina le déclin de la fonction paternelle au profit d'une autorité parentale partagée. Mais en attribuant à celle-ci une hégémonie autrefois dévolue à la seule volonté du père, il mit fin à la puissance patriarchique dont il était issu.

Les grandes étapes de cet affaiblissement sont connues, pour la France notamment. En 1935, le droit de correction paternelle fut aboli, comme je l'ai rappelé. Trois ans plus tard, le père perdit sa puissance maritale tout en conservant les pleins pouvoirs sur ses enfants ainsi que le droit d'autoriser ou non son épouse à exercer une profession. Il devint alors un « chef de famille », que l'État républicain priva, au fil des années, de ses prérogatives.

Avec l'aide de la psychanalyse, de la psychiatrie, de la pédagogie et de la psychologie, la famille devint alors l'objet d'une politique de contrôle, centrée sur la prévention des anomalies sociales et psychiques : psychoses, handicaps, délinquance, déviations sexuelles, etc. On commença bientôt à populariser l'idée de la « carence paternelle », c'est-à-dire de l'absence du père dans les situations de divorce où l'enfant était confié à la mère. On théorisa enfin la notion de « démission de la figure paternelle » pour rendre compte des situations dans lesquelles le père était jugé inapte à assurer une présence réelle auprès des siens du fait d'un travail qui l'éloignait du foyer conjugal[1].

Dans les années 1950, les premières campagnes de régulation des naissances furent lancées. Avec l'allongement de la durée de la vie, la notion d'adolescence s'imposa comme étape intermédiaire entre l'enfance et l'âge adulte. Par la suite, les différents « âges » de la vie ne cesseront de se déployer, de se différencier, de se diversifier[2].

En 1955, au moment où Lacan reprenait à son compte, en la modernisant, la théorie médiévale de la nomination[3] pour affirmer que le nom-du-père désignait le signifiant même de la fonction paternelle, comme inscription dans l'inconscient de l'ordre symbolique, les premières analyses sérologiques permirent d'apporter

---

1. L'expression « carence maternelle » n'était utilisée que pour les enfants abandonnés et atteints d'hospitalisme. Cf. Jenny Aubry, *Enfance abandonnée* (1953), Paris, Scarabée-Métailié, 1983.
2. Cf. Philippe Ariès, *L'Enfant et la vie familiale...*, op. cit.
3. Sur la genèse de ce concept, cf. Élisabeth Roudinesco, *Jacques Lacan. Esquisse d'une vie, histoire d'un système de pensée*, Paris, Fayard, 1993.

la preuve de la « non-paternité ». Certes, elles libéraient le père d'avoir à nourrir un enfant qui n'était pas le sien, mais elles montraient aussi, pour la première fois dans l'histoire de l'humanité, qu'une séparation radicale était possible entre la nomination et l'engendrement. La science se substituait ainsi au grand prestige de la parole pour démontrer que le père n'était plus incertain, ce qui sera confirmé à la fin du XXe siècle par les tests génétiques. La voie était dès lors ouverte pour que l'ancienne identité du père fût scindée en deux pôles : producteur de semence d'un côté, inspirateur d'une fonction nominative de l'autre[1].

Blessé dans sa chair et dans son âme, le patriarche mutilé de ce nouvel ordre symbolique n'aura plus alors que le don de son patronyme à faire valoir pour affirmer son droit à une sorte de nomination « adoptive ». Mais inversement, il ne pourra plus se dérober à la recherche des preuves de sa fonction de géniteur, au cas où il ne voudrait pas reconnaître un enfant qui est le sien.

En 1970, avec la suppression de l'expression « chef de famille », la notion même de puissance paternelle est définitivement retranchée de la loi. Désormais, le père partage avec la mère le pouvoir sur l'enfant, et ses anciennes prérogatives, déjà fortement ébranlées les décennies passant, sont pratiquement réduites à néant. La famille devient alors « coparentale », et l'on parle désormais de « coparentalité »[2]. Enfin, cinq ans plus

---

1. Cette question est traitée au chapitre VII du présent ouvrage : « La puissance des mères ».

2. Loi française du 4 juin 1970. « L'expérience montre, souligne René Pleven, garde des Sceaux, qu'il faut protéger les mères

tard, avec la légalisation de l'avortement déjà acquise dans de nombreux pays d'Europe, les femmes arrachent à la domination masculine la maîtrise complète de la procréation. Elles accomplissent ce geste avant même d'avoir conquis l'égalité des droits sociaux et politiques[1].

Comme je l'ai déjà signalé, c'est cette nouvelle organisation de la famille que les sciences sociales naissantes – anthropologie et sociologie – se sont donné pour tâche de penser et de décrire, au moment même où elles renonçaient à l'évolutionnisme et à l'invocation des anciennes dynasties héroïques pour faire de l'étude de la parenté un modèle de recherche à vocation universelle, capable d'anticiper les transformations sociales à venir.

En 1892, Émile Durkheim conceptualise la famille conjugale[2] en des termes fort éloignés de la mythologie freudienne des « stades » et de leur intériorisation psychique. Et pourtant, les conclusions qu'il tire de

---

naturelles de leurs compagnons éphémères qui ne se rappellent leur paternité et les droits que les textes anciens leur accordaient que pour menacer les mères de leur retirer l'enfant à qui elles sont attachées. » (Blandine Grosjean, « La délicate parité parentale », *Libération*, 26 mars 2002.) A propos de l'apparition des termes de monoparentalité et d'homoparentalité, on se reportera au chapitre VIII du présent ouvrage : « La famille à venir ».

1. Cf. Luc-Henry Choquet et Élisabeth Zucker-Rouvillois, *Reconsidérer la famille*, Paris, Gallimard, 2001. Cette question est traitée aux chapitres VI et VIII du présent ouvrage : « Les femmes ont un sexe » et « La famille à venir ».

2. Émile Durkheim, « La famille conjugale », *L'Année sociologique*, 1892, p. 35-49.

ses observations ne sont pas étrangères à la perspective œdipienne. Il montre en effet que la construction de la famille dite « nucléaire », issue des sociétés germaniques les plus civilisées d'Europe, repose sur la contraction de l'ancienne organisation patriarcale.

Selon lui, l'institution familiale a tendance à se réduire au fur et à mesure que les relations sociales s'étendent et que le capitalisme se développe, donnant naissance à l'individualisme. La famille moderne se limite désormais au père, à la mère, aux fils et à leurs descendants, ainsi qu'aux enfants mineurs et célibataires[1]. Dans ce modèle, le père est réduit, selon Durkheim, à une abstraction, car c'est la famille, et non pas lui, qui prend en charge les conflits privés, servant ainsi à la fois de support à l'individualisation des sujets et de rempart à leur propre finitude. Au cas où elle n'assumerait pas ce rôle, ajoute Durkheim, le sujet risquerait de se prendre pour sa propre fin et de se suicider.

En 1898, Durkheim ajoute à cette description une définition sociologique de la parenté dissociée de la consanguinité. Issue de la famille primitive, celle-ci a pour fondement, dit-il, le totémisme, qui renvoie à une nomination originelle. Car l'emblème hérité du totem sert de support aux relations entre individus d'un même clan, ce qui les détache d'une appartenance centrée sur la race, le sang ou le lien héréditaire : « Même à elle seule, la naissance ne suffit pas *ipso facto* à faire de

---

1. Sans le savoir, Durkheim décrit ainsi la famille de Freud lui-même, composée en effet de sa femme, de sa belle-sœur (célibataire), de ses enfants, dont l'une, Anna Freud, restera célibataire et vivra sous le toit de ses parents.

l'enfant un membre intégrant de la société domestique ; il faut que des cérémonies religieuses s'y surajoutent. L'idée de consanguinité est donc tout à fait au second plan[1]. »

En lisant toutes ces interprétations de la famille, de Freud à Durkheim, on comprend comment la psychanalyse, la sociologie et l'anthropologie ont su prendre en charge, par des concepts appropriés, les transitions déjà à l'œuvre dans la vie des familles. Contrairement aux principes de la psychologie des peuples ou de l'évolutionnisme naïf qui, de Bonald à Le Play, regardaient la famille comme un corps organique dont il fallait à tout prix préserver les frontières morales, ces trois disciplines proposèrent une nouvelle définition de l'ordre symbolique qui permit de penser le déclin de la puissance paternelle sans pour autant détruire la structure qui permettait de la maintenir sous une forme de plus en plus abstraite.

Phénomène inéluctable, cet abaissement eut pour effet de transformer la famille en une forteresse affective repliée sur des intérêts privés. Et comme les mariages d'amour débouchaient à la longue sur un épuisement du désir et un désenchantement du sexe, la relation entre la mère et l'enfant devint primordiale à mesure qu'augmentait le nombre des séparations, des divorces et des recompositions parentales. On assista alors, durant tout le XXe siècle, à une « maternalisation[2] » progressive de

---

1. Émile Durkheim, « La prohibition de l'inceste et ses origines » (1898), in *Journal sociologique*, Paris, PUF, 1969.
2. Selon le mot d'Edward Shorter in *Naissance de la famille moderne, op. cit.,* p. 279.

la famille nucléaire qui se traduisit, pour la psychanalyse, par un relatif abandon du freudisme classique au profit des théories de Melanie Klein.

A Vienne, Freud considérait que l'analyse d'un enfant ne devait pas commencer avant l'âge de quatre ans, ni être menée « en direct », hors de la médiation de l'autorité parentale jugée protectrice : « Nous posons comme préalable que l'enfant est un être pulsionnel, avec un moi fragile, et un surmoi tout juste en voie de formation. Chez l'adulte, nous travaillons avec un moi raffermi. Ce n'est donc pas être infidèle à l'analyse que de prendre en compte dans notre technique la spécificité de l'enfant, chez lequel, dans l'analyse, le moi doit être soutenu contre un ça pulsionnel omnipotent[1]. »

A Londres, Melanie Klein proposait au contraire d'abolir les barrières qui empêchaient le psychanalyste d'accéder en direct à l'inconscient de l'enfant. La protection dont parlait Freud lui semblait un leurre.

Au-delà de ces considérations techniques, qui donnèrent naissance en 1925 à une pratique nouvelle de la psychanalyse des enfants, on voit bien que si Freud cherchait à découvrir l'enfant refoulé dans l'adulte, Melanie Klein, par le biais de l'intérêt porté à l'origine des psychoses et aux relations archaïques à la mère, explorait chez l'enfant ce qui était *déjà refoulé* en lui : le nourrisson. A partir des années 1950, les analyses d'enfants furent partout conduites selon des méthodes plus kleiniennes que freudiennes. Et même si les

---

1. « Lettres de Sigmund Freud à Joan Riviere (1921-1939) », présentées par Athol Hugues, in *Revue internationale d'histoire de la psychanalyse,* 6, 1993, p. 429-481.

parents ne furent jamais exclus des cures, le père cessa d'y occuper la place de messager de la parole enfantine.

Objet de toutes les projections imaginaires, des plus haïssables aux plus fusionnelles, la mère, au sens kleinien, n'avait plus aucune réalité anthropologique. Bon ou mauvais objet, elle était appréhendée de façon subjective comme un lieu de fantasmes inconscients et comme une source de destruction.

Melanie Klein démontrait que sous les apparences de la plus grande normalité, la famille affective moderne recelait en son sein les tourments les plus atroces et les secrets les plus funestes. La pathologie psychique donnait la mesure de la norme au cœur d'une relation entre la mère et l'enfant qui tendait à abolir la fonction séparatrice du père. Il fallut attendre les apports cliniques de Donald Woods Winnicott sur la « mère suffisamment bonne » (*good-enough mother*) et « dévouée ordinaire » (*ordinary devoted mother*) pour corriger les excès de ces clivages manichéens qui débouchaient sur une vision perverse ou psychotique des relations de parenté[1].

Winnicott rétablissait de fait un équilibre entre les deux pôles du maternel et du paternel en soulignant que le père est « nécessaire pour donner à la mère un appui moral, pour la soutenir dans son autorité, pour être l'incarnation de la loi et de l'ordre que la

---

1. Donald Woods Winnicott, *Le Bébé et sa mère,* Paris, Payot, 1992.

mère introduit dans la vie de l'enfant[1] ». A cet égard, il fut bien, lui aussi, le représentant d'une conception maternaliste de la famille en vertu de laquelle l'enfant était devenu *His Majesty Baby* et le père le support de l'autorité maternelle. A ceci près qu'il refusait le manichéisme de la toute-puissance, bonne ou mauvaise, du maternel « internalisé » au profit de l'idée d'un partage de l'autorité symbolique.

Au sein de ce dispositif, qui influença l'ensemble des sociétés occidentales, l'enfant occupa alors, dans sa relation à la mère, la place centrale autrefois dévolue à Dieu le père. Aussi hérita-t-il, fort de sa toute-puissance, d'une image troublée de l'autorité paternelle, qui semblait se dissoudre dans le néant d'une maternalisation croissante.

En 1938, au moment où Freud se saisissait de Moïse pour démontrer que le monothéisme devait sa puissance à l'instauration d'une loi du père succédant à un meurtre refoulé, Lacan publiait une brillante synthèse de l'état de la famille occidentale à la veille de la guerre. Il y mêlait des considérations cliniques sur le complexe d'Œdipe ou la psychopathologie des relations entre parents et enfants à une analyse des différentes théories psychanalytiques, anthropologiques et sociologiques qui permettaient de comprendre son statut et son évolution[2].

---

1. Donald Woods Winnicott, « Le père » (1944), in *L'Enfant et sa famille,* Paris, Payot, 1989, p. 119.
2. Jacques Lacan, « Les complexes familiaux dans la formation de l'individu » (1938), in *Autres écrits,* Paris, Seuil, 2001, p. 23-85.

Associant les thèses de Bonald à celles d'Aristote et de Durkheim, Lacan prenait en compte les avancées kleiniennes pour dresser un tableau ténébreux de la famille nucléaire moderne. Mais il s'inspirait également du biologiste allemand Jakob von Uexküll, qui avait révolutionné l'étude des comportements animaux et humains en montrant que l'appartenance à un milieu devait être pensée comme l'intériorisation de ce milieu dans le vécu de chaque espèce. D'où l'idée que l'ancrage d'un sujet dans un environnement ne doit pas être défini comme un contrat entre un individu libre et une société, mais comme une relation de dépendance entre un milieu et un individu, lui-même déterminé par des actions spécifiques d'intériorisation des éléments de ce milieu.

Cet emprunt permettait à Lacan de souligner que la famille est organisée selon des *imagos,* un ensemble de représentations inconscientes marquées par les deux pôles du paternel et du maternel. Hors de cette appartenance, qui caractérise, disait-il, l'organicité sociale de la famille, aucune humanisation de l'individu n'est possible.

En apparence, Lacan pensait donc la famille comme un tout organique, et il n'hésitait pas à fustiger le déclin de l'imago paternelle si caractéristique à ses yeux de l'état désastreux de la société européenne à la veille de la guerre. Pourtant, contrairement aux théoriciens de la

---

J'ai déjà eu l'occasion de commenter ce texte et d'en expliquer la genèse. Cf. Élisabeth Roudinesco, *Jacques Lacan. Esquisse d'une vie..., op. cit.* Je reprends ici certains points de ma démonstration en la complétant.

contre-Révolution, il s'opposait à l'idée qu'un rétablissement de l'omnipotence patriarcale fût une solution au problème. Et de même, il refusait de faire de la famille l'enjeu d'une perpétuation de la race, du territoire ou de l'hérédité. L'ancienne souveraineté du père était à jamais perdue, il en était convaincu, et tout projet de restauration ne pourrait aboutir qu'à une farce, à une caricature, à un artifice. De fait, en usant d'une terminologie qui semblait se rapprocher de celle de Bonald, ou même de Maurras, Lacan analysait le phénomène familial à la manière de Durkheim et de l'anthropologie moderne[1]. Selon lui, la famille devait être soumise au regard critique de la raison. De cette démarche – et d'elle seule – dépendait la possibilité d'introduire dans le « tout organique » une conscience subjective pouvant s'en détacher.

Lacan tirait donc la leçon du geste freudien. La revalorisation du père ne pouvait être que symbolique.

---

1. A cet égard, contrairement à ce qu'affirment certains auteurs, Lacan ne fut jamais ni un penseur maurrassien ni un adepte d'une conception conservatrice ou catholique de la famille. Cf. Michel Tort, « Homophobies psychanalytiques », *Le Monde*, 15 octobre 1999 ; « Quelques conséquences de la différence "psychanalytique" des sexes », *Les Temps modernes,* 609, juin-juillet-août 2000 ; Didier Éribon, *Une morale du minoritaire. Variations sur un thème de Jean Genet,* Paris, Fayard, coll. « Histoire de la pensée », 2001, notamment les chapitres consacrés à l'« homophobie » de Lacan et celui intitulé « Pour en finir avec Jacques Lacan ». J'ai eu l'occasion de répondre à ces critiques dans un entretien avec François Pommier : « Psychanalyse et homosexualité : réflexions sur le désir pervers, l'injure et la fonction paternelle », *Cliniques méditerranéennes,* 65, février-mars 2002, p. 7-34.

S'appuyant sur Henri Bergson[1], qui opposait en 1932 une morale de l'*obligation* à une morale de l'*aspiration*, il voyait dans l'interdit de la mère la forme concrète d'une obligation primordiale ou d'une *morale close*. Le complexe de sevrage en était l'expression parce qu'il rétablissait, sous la forme d'une « imago du sein maternel », la relation nourricière interrompue. L'existence de cette imago, disait-il, domine l'ensemble de la vie humaine comme un appel à la nostalgie du tout. Elle explique chez la femme la permanence du sentiment de la maternité. Mais quand cette imago n'est pas sublimée pour permettre le lien social, elle devient mortifère. D'où un appétit de mort qui peut se manifester chez le sujet par des conduites suicidaires.

A l'opposé, Lacan situait la fonction de l'aspiration et de l'ouverture du côté de l'autorité paternelle, dont le complexe œdipien était l'expression puisqu'il introduisait une triangulation qui séparait l'enfant de la mère.

Creuset du crime, de la folie, de la névrose, la famille était donc, à ses yeux, la pire des structures à l'exception de toutes les autres : « Familles, je vous hais, parce que je ne peux pas ne pas vous aimer », telle aurait pu être sa devise. Aussi rendait-il hommage à Freud : « Le sublime hasard du génie n'explique peut-être pas seul que ce soit à Vienne – alors centre d'un État qui était le *melting-pot* des formes familiales les plus diverses, des plus archaïques aux plus évoluées, des derniers groupements agnatiques des paysans slaves aux formes les plus réduites du foyer petit-bourgeois et aux formes

---

1. Henri Bergson, *Les Deux Sources de la morale et de la religion* (1932), Paris, PUF, 2000.

les plus décadentes du ménage instable, en passant par les paternalismes féodaux ou mercantiles – qu'un fils du patriarcat juif ait inventé le complexe d'Œdipe. Quoi qu'il en soit, ce sont les formes de névrose dominantes à la fin du siècle dernier qui ont révélé qu'elles étaient intimement dépendantes des conditions de la famille[1]. »

Tout en brandissant le blason immémorial du père, transformé, par le mouvement même de l'histoire, en un patriarche défaillant, Lacan s'interrogeait sur la pertinence de la lecture freudienne de l'*Œdipe* de Sophocle. A l'évidence, dès 1938, il commençait à relire à l'envers – ou autrement – le mythe et la tragédie. Et du coup, il affirmait que la « protestation virile de la femme » était la conséquence ultime de l'invention du complexe œdipien. Mais au lieu de faire de la Sphinge un substitut du père, et de son élimination un signe avant-coureur du désir de la mère, il y voyait plutôt la « représentation d'une émancipation des tyrannies matriarcales et un déclin du rite du meurtre royal[2] ». De même, il soulignait que le choix œdipien fait par Freud d'une prépondérance de l'ordre symbolique s'accompagnait d'un envers redoutable : « l'occultation du principe féminin sous l'idéal masculin, dont la vierge, par son mystère, est, à travers les âges de cette culture, le signe vivant[3] ».

---

1. Jacques Lacan, « Les complexes familiaux... », *op. cit.*, p. 61.
2. *Ibid.*, p. 58.
3. *Ibid.*, p. 84.

Le thème de la « différence virginale », comme paradigme d'une jouissance féminine hétérogène à l'emprise de l'ordre symbolique, sera récurrent tout au long du déploiement de la pensée de Lacan. Elle le conduira finalement à entreprendre une révision radicale de la lecture des Tragiques grecs. A Œdipe, roi de Thèbes et tyran de la démesure, Lacan préférera Œdipe à Colone, sombre vieillard défait de sa souveraineté et dépouillé des attributs de sa paternité. De même, pour la génération suivante, il choisira Antigone, héroïne mystique, selon lui, d'un trajet mortifère – entre-deux-morts –, plutôt qu'Électre ou Oreste. Enfin, il fera d'Hamlet, non pas un fils coupable, mais le héros d'une tragédie de l'impossible, prisonnier d'un père mort – le spectre – et d'une mère qui lui avait transmis une véritable horreur de la féminité[1].

Cette figuration presque sadienne d'une virginité mystique, échappant au *logos* séparateur, indiquait combien Lacan était soucieux de séparer le féminin du maternel et d'en saisir la place. A cet égard, on peut faire l'hypothèse que si Freud avait répondu par une nouvelle conception de l'ordre symbolique à la terreur fin de siècle de l'effacement de la différence sexuelle, Lacan prolongeait ce geste en s'affrontant à l'irruption du réel de cette différence. Et il le répétera au moment

---

1. Jacques Lacan, *Le Séminaire,* livre VII : *L'Éthique de la psychanalyse* (1959-1960), Paris, Seuil, 1986 ; *Le Séminaire,* livre VI : *Le Désir et son interprétation* (1958-1959), inédit ; *Le Séminaire,* livre XX : *Encore* (1972-1973), Paris, Seuil, 1975.

où les femmes chercheront à affirmer leur identité sexuée, au lendemain d'une guerre qui avait eu pour trait essentiel une volonté de mise à mort du genre humain.

6

Les femmes ont un sexe

Il y a diverses façons de rendre compte des relations de domination, d'égalité ou d'inégalité entre les hommes et les femmes. Si l'on se situe du point de vue du corps, l'homme et la femme sont des êtres biologiques, et de leur différence anatomique dépend leur position sociale. Le genre – ou identité sexuelle – est alors déterminé en fonction de cette différence[1]. Mais si l'on privilégie le genre au détriment de la différence biologique, on relativise celle-ci et l'on met en valeur une autre différence entre les hommes et les femmes, une différence dite « culturelle » ou « identitaire », déterminée

---

1. Dérivé du latin *genus,* le mot « genre » est utilisé communément pour désigner une catégorie quelconque, classe, groupe ou famille, présentant les mêmes signes d'appartenance. Dans de nombreux travaux contemporains, on désigne par « sexe » ce qui relève du corps sexué (mâle ou femelle) et par « genre » ce qui a trait à la signification sexuelle du corps dans la société (masculinité ou féminité). Cf. Joan Scott, « Genre : une catégorie utile d'analyse historique », *Les Cahiers du GRIF,* 37-38, printemps 1988, p. 125-153.

par la place qu'ils occupent dans la société. Dans le premier cas, on divise l'humanité en deux pôles sexués – les hommes d'un côté, les femmes de l'autre –, et dans le deuxième, on multiplie à l'infini les différences sociales et identitaires, et l'on soutient que les hommes et les femmes entrent, du point de vue biologique, dans la catégorie d'un genre sexué unique, puisque, s'ils ont l'un et l'autre un sexe, la différence sexuelle compte moins, au regard de la société, que d'autres différences comme la couleur de la peau, l'appartenance de classe, les mœurs, l'âge, l'origine dite « ethnique », ou encore le rôle que l'on choisit de jouer auprès de ses semblables.

C'est à Aristote que l'on doit la description sans doute la plus intéressante du modèle du sexe unique. Selon lui, la première union nécessaire à l'ordre de la nature est celle d'un mâle et d'une femelle. La semence de l'homme est souveraine car elle contient le « principe de la forme », tandis que celle de la femme ne l'est pas, puisqu'elle n'est que la « matière qui reçoit la forme ». Et lorsque Aristote explique que le mâle est « l'être qui engendre dans un autre et la femelle l'être qui engendre en soi », il veut dire que seul le sperme engendre et génère l'enfant qui lui ressemblera. En conséquence, l'homme commande, la femme se soumet, et la famille est organisée selon un principe monarchique. A condition toutefois qu'elle soit intégrée à la cité. Car seule la cité – c'est-à-dire la cité grecque – est soumise au principe monarchique, au contraire du monde des Barbares, composé de villages, pure juxtaposition de familles.

Antérieure à la famille, mais composée de *familles*

qui reproduisent sa hiérarchie, la cité est divisée en trois catégories d'humains : l'homme, qui est le maître, l'époux et le père ; la femme, qui est l'épouse et la mère ; l'esclave, qui est la « chose du maître », et qui est démuni de cette partie « délibérative de l'âme propre à l'animal civique ». En conséquence, la femme, même inférieure à l'homme, est définie, comme lui, par son identité sexuée – par son genre – alors que l'esclave, qui est le prolongement de l'animal de labour, est d'abord défini comme la « propriété d'un homme », c'est-à-dire comme un humain « ne s'appartenant pas à lui-même ». Peu importe alors qu'il soit ou non un être sexué, puisqu'il n'existe pas politiquement.

Supérieure à l'esclave et inférieure à l'homme, la femme lui est semblable comme être sexué, mais elle est différente de lui parce qu'elle est proche de l'animalité, et, à cet égard, susceptible de devenir dangereuse pour la cité. Elle s'oppose donc à l'homme en étant « passive », alors qu'il est « actif », ce qui fait d'elle un « homme inversé », comme le prouve la position de ses organes : son utérus est l'équivalent d'un pénis[1].

Ce modèle dit « unisexué », qui considère la femme comme l'exacte réplique inversée de l'homme, sera repris par Galien[2], qui lui fera toutefois subir de nombreuses modifications. A ses yeux, l'utérus *est* le scrotum, la vulve le prépuce, les ovaires les testicules,

---

1. Aristote, *Politique,* vol. I, *op. cit.,* p. 24. Cf. également p. 21 du présent ouvrage.

2. Claude Galien (131-201), célèbre médecin et philosophe grec, commentateur de Platon et auteur d'un traité sur les passions et les erreurs de l'âme.

le vagin un pénis. Dans une telle représentation, la fécondation résulte de l'action de la semence masculine qui fait « cailler » le sang menstruel de la femme, à la façon d'un fromage.

Lorsque l'on considère que le sexe anatomique prime sur le genre, l'unicité éclate et l'humanité est divisée en deux catégories immuables : les hommes et les femmes. Les autres différences sont alors négligées ou abolies. Trois représentations sont dès lors possibles. Soit la différence sexuelle est pensée en termes de complémentarité, et la femme devient un *alter ego* de l'homme, partageant avec lui un plaisir charnel et un rôle social ; soit elle est infériorisée, et la femme est rangée dans une espèce de type zoologique : monstre, androgyne, lesbienne, prostituée ; soit elle est idéalisée, et la femme devient un « supplément », hétérogène à l'ordre symbolique : la folle, la mystique, la vierge. Dans la première représentation, la féminité de la femme est toujours associée à la maternité, alors que dans les deux autres, le féminin et le maternel sont dissociés, la femme étant alors incapable d'accomplir la tâche procréative que lui imposent la nature et la culture.

De ces diverses représentations de la féminité ont été déduites les positions de pouvoir, de soumission, de complémentarité ou d'exclusion des femmes au sein de la société. Et quelles qu'aient été les variations liées à la primauté accordée au sexe ou au genre, on y décèle toujours la trace des modifications subies par la famille au cours des siècles[1].

---
1. Cf. Françoise Collin, Évelyne Pisier et Eleni Varikas, *Les Femmes, de Platon à Derrida. Anthologie critique*, Paris, Plon, 2000.

C'est ainsi que ce fut d'abord du déclin de la puissance divine du père, et de son transfert vers un ordre symbolique de plus en plus abstrait, puis de la maternalisation de la famille, qu'émergea, dans toute sa force, la sexualité des femmes. Un désir féminin, fondé à la fois sur le sexe et le genre, put alors jaillir, après avoir été tant redouté, à mesure que les hommes perdaient la maîtrise du corps des femmes. Avec la capture définitive par les femmes de tous les processus de la procréation, un redoutable pouvoir leur fut dévolu à la fin du XXe siècle. Elles acquirent alors la possibilité de devenir mères en se passant de la volonté des hommes. D'où un nouveau désordre de famille consécutif à l'émergence d'un nouveau fantasme d'abolition des différences et des générations.

Dans un livre publié en 1990[1], Thomas Laqueur montre que jamais les notions de genre et de sexe ne se recouvrirent complètement ni ne se succédèrent selon une histoire linéaire. Cependant, le modèle de l'unicité fut plutôt dominant jusqu'au XVIIIe siècle. Hommes et femmes étaient alors classés selon leur degré de perfection métaphysique, la position souveraine étant toujours occupée par un modèle masculin assimilé à un ordre symbolique neutre, unisexué et d'origine divine. Le genre semblait donc immuable, à l'image de la hiérarchie du cosmos.

Par la suite, le modèle de la différence sexuelle fut au contraire valorisé, avec ses diverses représentations,

---

1. Thomas Laqueur, *La Fabrique du sexe. Essai sur le corps et le genre en Occident* (1990), Paris, Gallimard, 1992, traduction de Michel Gautier.

à mesure des découvertes de la biologie. La position occupée par le genre et le sexe devint alors l'enjeu d'un conflit incessant, non seulement entre les hommes et les femmes, mais entre les chercheurs qui tentaient d'expliquer leurs relations.

D'un point de vue anthropologique, il est possible de classer les sociétés humaines en deux catégories en fonction de la manière dont elles pensent les rapports entre le sexe social (genre) et le sexe biologique (sexe). A chaque catégorie correspond une représentation, selon que l'un et l'autre s'enchevêtrent et se recouvrent, ou que le genre prévaut sur le sexe (ou encore que ce dernier est dénié ou tenu pour négligeable)[1].

Dans la première catégorie, de loin la plus répandue, on range les sociétés qui ont intégré les principes de la science à ceux de l'étude rationnelle des comportements humains. Ces sociétés conceptualisent les relations entre les hommes et les femmes, tantôt en tenant compte et de la culture et de la nature biologique des individus, et tantôt en privilégiant l'une ou l'autre de ces deux composantes. A quoi s'ajoute – si l'on accepte l'invention freudienne – la prise en compte de la dimension psychique de la sexualité, qui transcende le genre et le sexe en y introduisant une composante existentielle d'essence tragique.

Dans la deuxième catégorie, on range les sociétés pour lesquelles l'appartenance biologique importe peu au regard du rôle social attribué ou joué par des

---

1. Je reprends ici, en les modifiant, certaines thèses, fort intéressantes, de Nicole-Claude Mathieu, in *L'Anatomie politique. Catégorisations et idéologies du sexe,* Paris, Côté Femmes, 1991.

individus dont les places féminines et masculines sont interchangeables. Dans certaines de ces sociétés, très rares et souvent hiérarchisées, guerrières et polygames, des hommes peuvent parfois épouser de jeunes garçons quand les femmes sont en nombre insuffisant, ceux-ci leur rendant alors des services « féminins ».

A partir de 1970, une réévaluation dite « postmoderne » de la question sexuelle occidentale prit un essor considérable dans certaines universités américaines en s'appuyant, non pas sur des modèles de genre et de sexe décrits par l'anthropologie – ou mis en œuvre spontanément par le mouvement de l'histoire –, mais sur l'idée spéculative selon laquelle le sexe biologique serait une donnée du comportement humain tout aussi « construite » que le genre.

Dans cette perspective, la théorisation des relations entre les hommes et les femmes consiste à faire du sexe social (ou *gender*) l'opérateur « colonial » du pouvoir d'un genre sur un autre. D'où une classification à différences multiples, où se mêlent l'orientation sexuelle et l'appartenance « ethnique » : les hétérosexuels (hommes, femmes, noirs, blancs, métis, hispaniques, etc.), les homosexuels (gays et lesbiennes, noirs, blancs, etc.), les transsexuels (hommes, femmes, gays, lesbiennes, noirs, blancs, métis, etc.). Fondée sur une transposition de la lutte des classes en lutte des sexes, cette analyse a eu le mérite d'apporter un souffle nouveau aux études portant sur les fondements de la sexualité humaine. Mais elle présente le triple défaut de dénaturaliser à l'extrême la différence sexuelle, d'inclure le désir sexuel dans le genre, et de dissoudre l'un dans le multiple. En conséquence, elle privilégie l'idée que la sexualité elle-même – biologique, psychique, sociale – serait toujours l'expression d'un pouvoir inconscient de type identitaire ou généalogique.

En 1990, ces thèses ont donné naissance à la *queer theory*[1], c'est-à-dire à une conception de la sexualité qui rejette à la fois le sexe biologique et le sexe social, chaque individu pouvant adopter à tout moment la position de l'un ou l'autre sexe, ses vêtements, ses comportements, ses fantasmes, ses délires. D'où l'affirmation que les pratiques sexuelles les plus troubles comme le nomadisme, la pornographie, l'escarpisme, le fétichisme ou le voyeurisme auraient le même fondement anthropologique que l'hétérosexualité la plus classique. Parmi les centaines d'études passionnantes ainsi engagées depuis plus de vingt ans, les travaux de Judith Butler[2] ont joué le rôle de révélateur d'une crise identitaire particulièrement aiguë de la société américaine de la fin du XXe siècle, dans sa relation si particulière à la sexualité. Ils ont contribué à modifier les représentations de la sexualité en Occident, en mettant notamment en lumière le caractère « pervers et poly-

---

1. *Queer* signifie bizarre. Le terme fut d'abord utilisé comme injure contre les homosexuels avant d'être repris par les chercheurs.
2. Judith Butler, *Gender Trouble. Feminism and the Subversion of Identity* (1990), New York, Routledge, 1999. On trouve un bon exposé du contenu de ce livre dans celui de Didier Éribon, *Réflexions sur la question gay,* Paris, Fayard, coll. « Histoire de la pensée », 1999. Cf. également Stéphane Nadaud, *Homoparentalité, une nouvelle chance pour la famille ?,* Paris, Fayard, 2002. Sur la question de la famille dite « homoparentale », on se reportera au chapitre VIII du présent ouvrage : « La famille à venir ».

morphe » de l'identité sexuelle « postmoderne », plus à l'aise dans les métamorphoses de Narcisse que dans la tragédie œdipienne.

Cette querelle du genre et du sexe avait déjà opposé, depuis le XVIIe siècle, les partisans du primat de l'universel aux adeptes du primat de la différence. Pour les premiers, seul un universel du *logos* séparateur, mêlant le genre et le sexe, permet d'égaliser les conditions. Pour les seconds, au contraire, seule une pensée de la différence, séparant le sexe du genre, peut contribuer à l'amélioration des libertés individuelles.

En 1673, dans un ouvrage célèbre, *De l'égalité des deux sexes*, François Poulain de La Barre décida d'appliquer la méthode du doute cartésien[1] au préjugé inégalitaire. La condition faite aux femmes était pour lui un scandale de l'esprit, et le premier préjugé dont le genre humain devait se défaire était celui de la prétendue supériorité des hommes sur les femmes.

Usant de l'enquête personnelle et de l'investigation historique, il démontra que les arguments classiques à l'appui de la thèse de l'infériorité ne reposaient sur aucun fondement. A la définition dite « naturelle » de la femme, il opposa une notion de différence sexuelle issue non point de la nature, mais de l'existence sociale : « Le cerveau des femmes, soulignait-il, est semblable à celui des hommes puisqu'elles entendent comme nous

---

1. François Poulain de La Barre, *De l'égalité des deux sexes* (1673), Paris, Fayard, coll. « Corpus des œuvres de philosophie en langue française », 1984, p. 60.

par les oreilles, voient par les yeux et goûtent avec la langue. » Pour remédier aussi bien à la hiérarchie prônée par la société qu'à l'aliénation des femmes qui en acceptaient les principes, Poulain de La Barre proposa un programme révolutionnaire : ouvrir aux femmes *toutes* les carrières sociales, de la théologie à la grammaire en passant par l'exercice du pouvoir, qu'il soit militaire ou étatique : « Pour moi, je ne serais pas plus surpris de voir une femme le casque en tête que de lui voir une couronne. Présider dans un conseil de guerre comme dans celui d'un état. Exercer elle-même ses soldats, ranger une armée en bataille, la partager en plusieurs corps, comme elle se divertirait à le voir faire. L'art militaire n'a rien par-dessus les autres, dont les femmes sont capables, sinon qu'il est plus rude et qu'il fait plus de bruit et plus de mal[1]. »

Au XVIIIe siècle, deux discours s'opposèrent au cœur des idéaux de la philosophie des Lumières. Dérivé de l'ancienne théorie des tempéraments, le premier soutenait l'existence d'une « autre nature féminine invariante ». Il prenait pour référence les positions exprimées par Jean-Jacques Rousseau dans la cinquième partie de l'*Émile* et dans *La Nouvelle Héloïse*. Renversant la perspective chrétienne, Rousseau affirmait que la femme était le modèle primordial de l'humain. Mais, ayant oublié l'état de nature, elle était devenue un être artificiel, factice, mondain. Pour se régénérer, elle devait donc apprendre à vivre selon sa véritable origine.

---

1. François Poulain de La Barre, *De l'égalité des deux sexes* (1673), *op. cit.*, p. 82.

La régénération devait prendre la forme d'un retour à un langage d'avant les mots et la pensée, qui s'apparentait à une essence physiologique de la féminité. Dans cette perspective, la femme pourrait enfin redevenir un être corporel, instinctif, sensible, faible dans ses organes et inapte à la logique de la raison.

L'article « Femme » de l'*Encyclopédie* témoigne de la prégnance de ce discours. La femme est en effet définie par son utérus, sa mollesse et son humidité. Sujette à des maladies vaporeuses, elle est comparée à un enfant, la texture de ses organes se caractérisant par une faiblesse congénitale, une ossature plus petite que celle des hommes, une cage thoracique plus étroite et des hanches qui se balancent sans cesse pour retrouver leur centre de gravité. Ces faits prouvent, disait l'auteur de l'article, que le destin de la femme est d'enfanter et non pas de se livrer à une quelconque activité professionnelle ou intellectuelle.

A ce credo s'opposait un autre courant de la philosophie des Lumières, représenté par Antoine Caritat, marquis de Condorcet. Universaliste et partisan du primat du genre sur le sexe, il soumettait la condition féminine au droit naturel qui imposait aux sujets une même loi, quelle que fût leur anatomie. Partie intégrante de l'humanité, la femme devait donc être considérée au même titre que l'homme comme un être doué de raison. Aussi convenait-il de lui accorder des droits identiques à ceux de son homologue de l'autre sexe : droits civils et politiques. Dans cette perspective, Condorcet prônait l'institution d'un droit qui égaliserait les hommes devant la loi, se défiant d'une référence à la nature toujours susceptible de fonder une inégalité. Et si, disait-il, les femmes paraissent souvent inférieures aux hommes, cela tient à des circonstances historiques qui les maintiennent dans la soumission à l'autorité maritale tout en les privant d'éducation[1].

C'est à travers le féminisme, qui associait la lutte en faveur de l'égalité des droits pour les deux sexes à un projet révolutionnaire de transformation de la société, que s'amorça, à la fin du XVIIIe siècle, un long mouvement d'émancipation des femmes.

En Angleterre, John Stuart Mill, philosophe libéral et théoricien de l'individualisme, adopta les thèses de l'égalitarisme politique dans une optique différente de celle des penseurs français. En 1851, il publia sous son nom une première œuvre en faveur de l'émancipation féminine, qui avait été écrite par sa compagne, Harriet Hardy Taylor, et dont il était le co-rédacteur. Après la mort de celle-ci, il milita en faveur du suffrage féminin, et, en 1869, dans un deuxième ouvrage consacré à l'assujettissement des femmes[2], il compara leur condition à la servitude féodale ou coloniale, allant jusqu'à dénoncer le « viol conjugal » dont elles étaient, affirmait-il, les victimes silencieuses et impuissantes. A ses yeux, l'asservissement des femmes s'enracinait dans la barbarie masculine, vestige d'une domination ances-

---

1. Cf. Condorcet, Prudhomme, Guyomar…, *Paroles d'hommes (1790-1793),* présentées par Élisabeth Badinter, Paris, POL, 1989 ; et Élisabeth Badinter et Robert Badinter, *Condorcet. Un intellectuel en politique,* Paris, Fayard, 1988.

2. John Stuart Mill, *De l'assujettissement des femmes* (1869), Paris, Infrarouge, 1992.

trale qui perdurait au sein de la famille bourgeoise. Pour combattre ces fléaux, il préconisait le droit au divorce, l'accès égal des femmes et des hommes à l'instruction, et le libre choix du travail. Mais, ajoutait-il, si les femmes optent pour le mariage, elles doivent se soumettre à la division du travail qui, selon l'usage ordinaire, charge l'homme de gagner le revenu et la femme de diriger les travaux domestiques. Par cette affirmation, il contredisait la position d'Harriet Taylor selon laquelle la femme moderne devait pouvoir contribuer, dans le mariage, au revenu du couple en s'élevant de la place de « servante à celle de partenaire ».

Privilégiant le genre sur le sexe, Mill ne se préoccupait guère de la différence sexuelle, et, à ses yeux, la complémentarité des deux statuts féminin et masculin demeurait la condition même d'un progrès de la société et de la famille.

L'accent mis sur le « viol conjugal » était d'une importance considérable. Car, au-delà de cette violence interne, propre au mariage, et qui reposait sur l'obligation du coït pour les deux partenaires, le viol, commis essentiellement par des hommes, frappait d'abord les femmes et les enfants. Fermement condamné dans l'ancienne société, il était alors considéré comme un défi à l'autorité monarchique. Le « violement des femmes » portait atteinte au roi, disait-on, et détruisait les familles. Aussi devait-il être puni de mort et de tortures multiples.

Cependant, la condamnation restait relative et non pas principielle. Car, en pénétrant sauvagement le sexe féminin, le violeur était surtout reconnu coupable de porter atteinte à l'autorité masculine et patriarcale plutôt qu'au corps de la femme elle-même. D'où une gradation dans les sanctions : déflorer une fille vierge, future épouse et future mère, promise au mariage, était considéré comme un crime beaucoup plus grave que de contraindre une prostituée, une courtisane ou une vagabonde. Et il fallut un retournement de situation, à la fin du XIXe siècle, et notamment la reconnaissance de plus en plus affirmée du crime sexuel contre les enfants, pour que le viol des femmes fût jugé de façon plus inconditionnelle[1].

A l'aube du XXe siècle, l'ensemble des thèses émancipatrices confluèrent quand le féminisme s'organisa en mouvement politique et quand, à la faveur du déclin de la puissance patriarcale, Freud avança une théorie de la sexualité humaine susceptible de subvertir les anciennes mythologies naturalistes et antinaturalistes de la féminité.

Cependant, durant l'entre-deux-guerres, le mouvement des femmes s'éloigna de l'idéal égalitaire pour revendiquer un féminisme plus radical qui n'admettait plus comme préalable à la satisfaction de ses exigences la réalisation d'une révolution sociale, comme cela avait été le cas auparavant[2]. S'appuyant davantage sur

---

1. Sur l'évolution du crime sexuel, on se reportera à l'excellente étude de Georges Vigarello, *Histoire du viol, XVe-XXe siècle,* Paris, Seuil, 1998. On trouve déjà cette thèse dans la manière dont Iahvé parle à Moïse de l'interdit de l'inceste : « La nudité de la femme de ton père, tu ne la découvriras pas : c'est la nudité de ton père », *La Bible, Ancien testament,* « Lévitique, XVIII, 1-9 », Paris, Gallimard, « Bibliothèque de la Pléiade », 1956, p. 344.

2. Cf. Maïté Albistur et Daniel Armogathe, *Histoire du fémi-*

le réformisme politique et sur les travaux de l'anthropologie et de la sociologie, il mit en discussion la question de la différence sexuelle, que Freud avait repensée de fond en comble à partir de 1905.

Empruntant ses modèles à la biologie darwinienne, Freud soutenait la thèse d'un monisme sexuel et d'une essence mâle de la libido humaine. Dans cette perspective d'une libido unique, qui prenait appui sur les théories sexuelles inventées par les enfants[1], il montrait qu'au stade infantile, la fille ignore l'existence du vagin et regarde le clitoris comme un homologue du pénis. Aussi bien a-t-elle alors l'impression d'être affublée d'un organe châtré. En fonction de cette dissymétrie, évoluant autour d'un pôle unique de représentations, le complexe de castration ne s'organise pas, selon Freud, de la même manière pour les deux sexes. Le destin de chacun d'eux est distinct du fait des représentations liées à la différence anatomique. A la puberté, la fille prend conscience de l'existence du vagin, et elle refoule alors sa sexualité clitoridienne, tandis que le garçon voit dans la pénétration un but à sa sexualité. Mais quand il s'aperçoit que la fille ne lui ressemble pas, il interprète l'absence du pénis chez celle-ci comme une menace de castration pour lui-même. Par la suite, il se détache de la mère et choisit un objet du même sexe.

La sexualité de la fille s'organise autour du phallicisme : elle veut être un garçon et désire un enfant du

---

nisme français du Moyen Age à nos jours, Paris, Des Femmes, 1977.

1. Cf. Sigmund Freud, *Trois essais sur la théorie sexuelle* (1905), Paris, Gallimard, 1987.

père. Contrairement au garçon, elle doit se détacher d'un objet du même sexe, la mère, pour un objet de sexe différent. Pour les deux sexes, l'attachement à la mère est l'élément premier.

On comprendra qu'en affirmant le principe d'un monisme sexuel, et donc d'un phallocentrisme, qui correspond au primat qu'il accorde à un ordre symbolique séparateur, Freud considère comme erronée toute argumentation naturaliste. A ses yeux, il n'existe ni instinct maternel, ni race féminine. Ainsi le phallicisme est-il pensé comme une instance neutre, commune aux deux sexes.

L'existence d'une libido unique n'exclut pas la bisexualité. Dans l'optique freudienne, en effet, aucun sujet n'est porteur d'une pure spécificité mâle ou femelle, ce qui se traduit par la constatation que, dans les représentations inconscientes du sujet – qu'il soit homme ou femme –, la différence anatomique n'existe pas. La bisexualité, qui est le corollaire de cette organisation moniste de la libido, frappe donc les deux sexes. Non seulement l'attirance d'un sexe pour l'autre ne relève pas d'une complémentarité, mais la bisexualité dissout l'idée même d'une telle organisation. D'où les deux modes de l'homosexualité : féminine quand la fille reste attachée à sa mère au point de choisir un partenaire du même sexe, masculine quand le garçon effectue un choix semblable au point de dénier la castration maternelle.

Autrement dit, aux yeux de Freud, la dualité est inscrite dans l'unité et la pulsion sexuelle n'a pas besoin d'altérité sexuée, étant la même pour les deux sexes.

Que l'on soit homme ou femme, on aime et on désire selon les mêmes passions. Tout en restant attaché à l'idée que le genre traduit le sexe et réciproquement, Freud introduit une nouveauté dans cette classification, un troisième terme en quelque sorte, celui de la sexualité psychique fondée sur l'existence de l'inconscient. Il fait de l'humain – homme et femme – un sujet désirant, et cet ordre du désir ne relève ni du social, ni du biologique.

Cette thèse freudienne fut contestée, dès 1920, par les kleiniens, qui critiquèrent, et à juste titre, l'extravagante hypothèse freudienne de l'absence chez la fille du sentiment du vagin. Ils opposèrent une conception dualiste à la notion de libido unique[1].

En un sens, la théorie de la libido unique était proche de celle, juridique, de Condorcet. Plus d'un siècle auparavant, il s'était agi pour le philosophe français, comme plus tard pour le savant viennois, de montrer que le domaine du féminin doit être pensé en tant que partie intégrante d'un universel humain. Pour Freud, en effet, l'existence d'une différence anatomique des sexes ne suppose pas la prévalence d'une nature féminine, proche de l'animalité, puisque cette fameuse différence, absente dans l'inconscient, témoigne pour le sujet d'une contradiction structurale entre l'ordre psychique et l'ordre anatomique. Par sa théorie du monisme et de la non-concordance entre le psychique

---

1. Les textes de ce débat historique sont traduits en français sous le titre *Féminité mascarade*, Paris, Seuil, 1994. Voir aussi Sigmund Freud, *La Vie sexuelle, op. cit.* ; et Helene Deutsch, *Psychanalyse des fonctions sexuelles de la femme,* Paris, PUF, 1994.

et l'anatomique, Freud rejoint les idéaux de la philosophie des Lumières.

On comprend alors pourquoi, dans la perspective freudienne et plus largement dans celle de la psychanalyse, la question de la différence sexuelle ne peut être envisagée que par référence à un vécu existentiel. C'est que l'ordre du désir, au sens freudien, est hétérogène au sexe et au genre. Du coup, il subvertit les catégories habituelles de l'anthropologie et de la sociologie. Pour le dire brièvement, il leur insuffle des mythes fondateurs et des histoires de dynasties héroïques ou déchues apparemment bien vieillottes. Car pour la psychanalyse, la famille, quelle que soit son évolution, et quelles que soient les structures auxquelles elle se rattache, sera toujours une *histoire* de famille, une *scène* de famille, semblable à celle des Labdacides, des rois shakespeariens ou des frères Karamazov. La famille, au sens freudien, met en scène des hommes, des femmes et des enfants qui agissent inconsciemment comme des héros tragiques et criminels. Nés damnés, ils se désirent, se déchirent ou s'entre-tuent, et ne découvrent la rédemption qu'au prix d'une sublimation de leurs pulsions.

Envers la femme en général, et envers la sexualité féminine en particulier, Freud eut toujours une attitude interrogative. Tout en se demandant « Que veut la femme ? » et tout en regardant la sexualité féminine comme un « continent noir [1] », il préconisait la complémentarité d'une unicité, d'essence masculine, et d'une différence, d'essence féminine. A ses yeux, en effet,

---

1. Sigmund Freud, *La Question de l'analyse profane* (1926), Paris, Gallimard, 1985.

le domaine du masculin était associé à un désir actif de domination, d'amour, de conquête, de sadisme ou de transformation des autres et de soi-même, alors que le pôle du féminin se caractérisait par la passivité, le besoin d'être aimé, la tendance à la soumission et au masochisme.

Autant la masculinité se rattachait pour lui à un *logos* intériorisé, autant la féminité devait être exhumée : « La découverte d'une phase antérieure préœdipienne chez la petite fille, disait Freud en 1931, provoque une surprise comparable dans un autre domaine à la mise au jour de la culture minoenne et mycénienne derrière la culture grecque[1]. » La femme, au sens freudien, est donc comparable à la Grèce d'avant la Grèce sophocléenne, à une promesse de civilisation d'avant la civilisation[2]. Quant à la différence sexuelle, elle se ramène à une opposition entre un *logos* séparateur et une archaïcité foisonnante. D'où la célèbre formule : « Le destin, c'est l'anatomie. »

Avancée par Freud à deux reprises, et dans deux contextes différents[3], en 1912 et en 1924, celle-ci renvoyait à une conversation que Napoléon avait eue avec

---

1. Sigmund Freud, « Sur la sexualité féminine » (1931), in *La Vie sexuelle, op. cit.*, p. 140 ; *Œuvres complètes,* vol. XIX, Paris, PUF, 1995, p. 10.

2. Cf. Paul Laurent Assoun, *Freud et la femme,* Paris, Calmann-Lévy, 1983.

3. Sigmund Freud, « Du rabaissement généralisé de la vie amoureuse (Contribution à la psychologie amoureuse II) » (1912), in *Œuvres complètes,* vol. XI, Paris, PUF, 1998, p. 126-154 ; « La disparition du complexe d'Œdipe » (1924), in *Œuvres complètes,* vol. XVII, Paris, PUF, 1992, p. 27-33.

Goethe lors d'une rencontre à Erfurt, le 2 octobre 1808. L'empereur y avait évoqué les tragédies du destin qu'il désapprouvait. Elles avaient appartenu, selon lui, à une plus sombre époque : « Que nous importe aujourd'hui le destin, avait-il dit, le destin, c'est la politique[1]. »

En parlant ainsi de l'ancienne Grèce, Napoléon ne congédiait la tragédie que pour affirmer que la Révolution était achevée. N'était-il pas lui-même l'artisan de ce grand crépuscule ? N'avait-il pas lui-même renoncé à être Bonaparte ? Ne s'était-il pas dépouillé des oripeaux de l'Antiquité dont les acteurs de la Convention s'étaient drapés pour accomplir leur glorieuse destinée ? Désormais, une fois réalisé l'effondrement de l'ancienne société, le tragique ne s'exprimait plus dans une lutte à mort entre les dieux et les hommes sur fond de prophétie oraculaire, mais dans l'action politique par laquelle l'homme lui-même, succédant aux dieux et aux monarques, prenait en main son histoire et celle des peuples. En conséquence, le tragique avait déserté le théâtre pour descendre dans la rue. Il s'était introduit dans la conscience du soldat de l'empire, confronté à sa propre mort, sur les champs de bataille de la nouvelle Europe.

L'empereur, traversant le crépuscule sous le poids d'une conscience malheureuse, refusait que la voie de son destin fût tracée par le silence des oracles et la froideur des statues[2].

---

1. Johann Wolfgang von Goethe, *Écrits autobiographiques, 1789-1815*, édition établie par Jacques Le Rider, Paris, Bartillat, 2001, p. 516.

2. Friedrich Hegel, *Phénoménologie de l'esprit* (1807), Paris,

Tous les systèmes philosophiques du XIXe siècle sont issus, comme l'empereur, du grand théâtre de la Révolution et tous – y compris le système freudien – sont construits sur le modèle d'une tragédie. Et Freud ne pouvait pas ignorer qu'en empruntant à Napoléon, qu'il admirait tant, sa fameuse phrase sur le destin, il transformait en une dramaturgie moderne la grande affaire de la différence sexuelle. Le destin selon Freud, ce sera donc, non pas la politique, mais l'anatomie.

Encore faut-il s'entendre sur la signification de la formule. Loin de faire de la femme un « homme inversé » ou « manqué », Freud affirme que l'anatomie n'est que le point de départ d'une nouvelle articulation de la différence sexuelle qui condamne les hommes et les femmes à se confronter chacun à une idéalisation ou un abaissement de l'autre, sans jamais parvenir à une complétude réelle. La scène sexuelle s'étend ainsi à la scène du monde, et la guerre des peuples sert de modèle à une guerre des sexes. La nouvelle lutte à mort des consciences et des identités prend donc pour enjeu les organes mêmes de la reproduction en y introduisant le langage de la jouissance[1].

Le plus étonnant, c'est que cette démarche réactualisait les vieilles querelles théologiques sur la genèse de l'orgasme féminin. Selon Freud, en effet, pour atteindre sa pleine maturité sexuelle, la femme doit renoncer au plaisir clitoridien au profit du plaisir vaginal. De ce

---

Aubier, 1991, nouvelle traduction de Jean-Pierre Lefebvre. Cf. également George Steiner, *Les Antigones,* Paris, Gallimard, 1986.

1. Cf. Georges Eid (éd.), *L'Intimité ou la Guerre des sexes. Le couple d'hier à demain*, Paris, L'Harmattan, 2001.

transfert d'un organe à l'autre dépend son épanouissement dans le mariage et dans la société.

Pourquoi donc une thèse aussi extravagante ? La réponse est assez simple. Il s'agit pour Freud de donner un fondement sexuel à l'organisation sociale des différences entre les hommes et les femmes. Et pour y parvenir, il lui faut bien prendre pour point de départ un substrat biologique.

S'appuyant sur la mythologie du passage du clitoris au vagin, Freud complète donc son tableau de famille. A l'ordre symbolique il ajoute un ordre archaïque dont le modèle lui est inspiré par Diane, la déesse des Éphésiens[1], véritable *magna mater* qui n'aura cessé de mourir et de renaître en passant de la colonisation ionienne à l'ère chrétienne. Si la loi du père se soutient d'un *logos* séparateur, la loi de la mère a pour fonction de transmettre la vie et la mort.

Cette archaïcité du féminin a moins affaire au matriarcat éruptif façon Bachofen qu'à la tradition chrétienne. Autrement dit, l'ordre maternel au sens freudien renvoie à la religion du fils, et donc au christianisme, et l'ordre paternel à la religion du père, c'est-à-dire au judaïsme : « D'après cet évangile [celui de Jean], Jésus sur la croix s'était écrié, montrant Marie à son disciple bien-aimé : voici ta mère, et de cet instant Jean prit Marie avec lui. Si donc Jean était allé à Éphèse, Marie aussi y était venue avec lui. A Éphèse s'éleva donc à côté de l'église de l'apôtre la première basilique en l'honneur de la nou-

---

1. Sigmund Freud, « Grande est la Diane des Éphésiens » (1912), in *Œuvres complètes,* vol. XI, *op. cit.*, p. 49-55. Le titre est emprunté à un poème de Goethe.

velle divinité des chrétiens, attestée dès le IVe siècle. La cité avait de nouveau sa grande déesse, peu de choses avaient changé en dehors du nom[1]. »

La famille œdipienne, monogame, nucléaire, restreinte, affective, réinventée par Freud, est ainsi l'héritière des trois cultures de l'Occident : grecque par sa structure, juive et chrétienne par les places respectives attribuées au père et à la mère. Tout à la fois génitrice, compagne ou destructrice, la femme, selon Freud, demeure toujours la mère, à la vie, à la mort. Par ses relations inévitables à la femme, l'homme rencontre toujours, dans la femme, trois images de mère : la mère elle-même, à sa naissance, l'amante qu'il choisit ensuite à l'image de la première, et, pour terminer, la terre-mère, qui l'accueille à nouveau dans son sein[2]. Déesse de la vie, déesse de l'amour, déesse de la mort, la femme, sous la forme de la mère, est exclue par Freud de la scène originelle du meurtre du père, dont elle était l'enjeu. Et c'est à ce titre d'ailleurs qu'elle peut devenir l'épouse du fils dans la famille monogame œdipienne. Mais à condition toutefois de renoncer aux débordements d'une sexualité hystérique, c'est-à-dire à ce clitoris infernal, source de mystique ou de délire. Ce renoncement a son corollaire dans la destinée masculine. Car pour être civilisé et satisfaire la femme, l'homme freudien doit contrôler la sexualité sauvage qu'il a héritée du père de la horde, et rejeter la poly-

---

1. Sigmund Freud, « Grande est la Diane des Éphésiens », *op. cit.*, p. 52.
2. *Id.*, « Le motif du choix des coffrets » (1913), in *L'Inquiétante Étrangeté et autres textes,* Paris, Gallimard, 1985, p. 81.

gamie, l'inceste, le viol. Il doit accepter le déclin de son ancienne puissance.

Indispensable à la civilisation, la femme est le seul être capable d'insuffler à l'homme le principe même de l'amour et de lui faire rompre les liens fratricides par lesquels, depuis toujours, il avait mené de dangereuses batailles contre la culture, contre la démocratie, contre lui-même : « L'amour pour la femme, dit Freud en 1921, rompt les liaisons de masse propres à la race, à la partition en nations et à l'organisation en classes de la société, et elle accomplit de ce fait des opérations culturellement importantes[1]. »

Faites pour l'amour, les femmes ne sont guère encouragées par Freud à exercer une profession, à militer pour leur égalité ou à devenir les concurrentes des hommes dans le domaine de l'art et de la sublimation. Mieux vaut les cantonner, dit-il, à la noblesse d'un art dont elles ont été les initiatrices, le tissage et le tressage, par référence à la fabrication de la « toison pubienne[2] ».

L'inventeur de la femme hystérique et de la libido unique, le grand libérateur du sexe, dont on sait qu'il fut sans cesse soupçonné de vouloir avilir les enfants,

---

1. Sigmund Freud, *Psychologie des masses et analyse du moi* (1921), in *Œuvres complètes,* vol. XVI, Paris, PUF, 1991, p. 81.
2. Sigmund Freud, « La féminité », *La Vie sexuelle, op. cit.* Cf. aussi Sarah Kofman, *L'Énigme de la femme. La femme dans les textes de Freud*, Paris, Galilée, 1983. Cf. également Victor Hugo à propos de Cosette : « Soigner, vêtir, parer, habiller, déshabiller, rhabiller, enseigner, un peu gronder [...] tout l'avenir de la femme est là. Une petite fille sans poupée est à peu près aussi malheureuse et tout à fait aussi impossible qu'une femme sans enfants. » (*Les Misérables, op. cit.,* p. 321.)

les épouses, les mères et les jeunes filles, se doutait-il que son joli plaidoyer en faveur de la famille conjugale et de l'amour maternel risquait un jour de contredire la réalité à venir de la condition féminine ?

Peut-être, si l'on en croit une lettre qu'il écrivit à Martha Bernays, sa future femme, en 1883. Après lui avoir reproché de s'intéresser de trop près au fameux texte de John Stuart Mill qu'il avait lui-même traduit à la demande de Theodor Comperz[1], il dressait un tableau idyllique et enflammé de sa vie de famille à venir. Mais il se présentait aussi, à l'âge de vingt-neuf ans, comme un homme du passé, attaché aux anciennes coutumes : « Il est aussi tout à fait impensable de vouloir lancer les femmes dans la lutte pour la vie à la manière des hommes. Devrais-je, par exemple, considérer ma douce et délicate chérie comme une concurrente ? Dans ce cas, je finirais par lui dire [...] que je l'aime et que je mets tout en œuvre pour la soustraire à cette concurrence et que je lui attribue pour domaine exclusif la paisible activité de mon foyer. Il est possible qu'une éducation nouvelle arrive à étouffer toutes les qualités délicates de la femme, son besoin de protection, qui n'empêche nullement ses victoires, de manière qu'elle puisse, comme les hommes, gagner sa vie [...]. Je crois que toutes les réformes législatives

---

1. Theodor Comperz (1832-1912), écrivain autrichien, auteur d'un ouvrage célèbre sur les penseurs de la Grèce et éditeur de la traduction allemande des œuvres de John Stuart Mill. En 1876, il confia à Freud la traduction de plusieurs essais de celui-ci, parmi lesquels les deux ouvrages sur les femmes, un autre sur Platon et un autre encore sur le socialisme.

et éducatives échoueront par suite du fait que [...] la nature décide de la destinée d'une femme en lui donnant la beauté, le charme et la bonté. Non, sur ce point, je m'en tiens à la vieille façon de penser [...]. La loi et la coutume doivent donner à la femme beaucoup de droits dont elle a été privée, mais sa situation demeurera ce qu'elle fut toujours : celle d'une créature adorée dans sa jeunesse et d'une femme aimée dans sa maturité[1]. »

Freud reprend donc à son compte les représentations classiques de la différence sexuelle et des origines de la procréation. Mais contrairement aux partisans de la domination masculine, il récuse toute conception du sexe et de la famille qui serait fondée sur le principe d'une inégalité entre les hommes et les femmes.

Partant de l'idée que les femmes transmettent la vie et la mort et que les hommes incarnent le *logos* séparateur, tout en héritant de la violence des pères, à laquelle ils doivent renoncer, Freud comprend beaucoup mieux la révolte des fils contre les pères que celle des filles contre les pères et les mères, ou des fils contre les mères. La rébellion des filles contre les mères lui semble être le fruit d'une amertume de ne pas être née homme, et celle contre les pères lui paraît relever d'une névrose hystérique. Quant à la rébellion des fils contre les mères, elle demeure pour lui *terra incognita*[2].

Envers les femmes de la bourgeoisie viennoise qui le conduisirent à inventer la psychanalyse, il montra le

---

1. Sigmund Freud, *Correspondance, 1873-1939* (Londres, 1960), Paris, Gallimard, 1967, p. 87.

2. Sans doute faut-il voir là la conséquence du fait que Freud fut adoré par sa mère et en général par les femmes de sa famille.

meilleur de lui-même : compassion et tolérance. Mais en 1900, il ne sut pas entendre la souffrance de la jeune Ida Bauer, âgée de dix-huit ans et exploitée par une famille qui ne méritait pourtant aucune indulgence.

L'histoire de ce drame familial aurait pu être racontée par Arthur Schnitzler. Lors d'un séjour à Merano, quelques années avant la fin du siècle, un mari faible et hypocrite, Philipp Bauer, trompa sa femme, Katharina, ménagère stupide et rigide, avec Peppina, l'épouse d'un de ses amis nommé Hans Zellenka. Jaloux, celui-ci jeta son dévolu sur la fille de son rival, Ida, âgée de treize ans et demi. Il la poursuivit de ses assiduités, lui déroba de force un baiser et tenta de la violer.

Horrifiée, elle le gifla puis raconta la scène à sa mère, afin que celle-ci en parlât à son père. Ce dernier interrogea alors le mari de sa maîtresse, qui nia les faits. Soucieux de protéger sa liaison, Philipp Bauer accusa sa fille d'être une affabulatrice. Quant à Peppina, elle utilisa l'adolescente pour entretenir la flamme de son amant. Après lui avoir parlé de « choses sexuelles », et lui avoir donné à lire un livre érotique, elle l'accusa d'être une menteuse.

Victime de cet imbroglio, Ida présenta de nombreux symptômes : convulsions, migraines, toux compulsive, aphonie, dépression, tendances suicidaires. C'est alors qu'elle rendit visite à Freud, qui avait autrefois prescrit à son père un traitement antisyphilitique. La cure dura onze semaines et se solda par le départ précipité de la patiente.

Récusant les insinuations de Philipp Bauer, Freud avait abordé crûment avec Ida la question de la sexualité, centrale à cette époque dans ses recherches. A travers l'interprétation de deux rêves, il avait expliqué à la jeune fille qu'elle s'était masturbée dans son enfance, qu'elle désirait inconsciemment son séducteur, et qu'enfin celui-ci était le substitut d'un père pour lequel elle avait éprouvé un sentiment incestueux refoulé. Freud énonçait ainsi une « vérité » inacceptable pour sa patiente. Il mettra plus de vingt ans à reconnaître son erreur, sans comprendre que l'hystérie d'Ida pouvait être entendue autrement que comme une inutile rébellion contre les pères. Non seulement il protégea deux figures paternelles haïssables, mais il méconnut la complicité des femmes qui avaient fait de cette adolescente la victime de l'apparente normalité d'un ordre familial contre lequel d'autres femmes allaient bientôt se révolter[1].

La Première Guerre mondiale se déroula sous le signe de la grande agonie des Empires centraux en proie aux reliquats d'une féodalité patriarchique qui n'en finissait pas de mourir. Guerre des nations contre les nations, elle fut surtout l'hécatombe des fils, des pères et des frères. Les femmes la regardèrent de loin, souvent dans le miroir des lettres qu'elles recevaient du front et qui, sans doute, ne parvenaient à exprimer ni l'horreur des

---

1. Freud fit d'Ida Bauer le cas Dora et le présenta comme le prototype d'une cure psychanalytique avec une femme hystérique. Cf. « Fragment d'une analyse d'hystérie (Dora) » (1905), in *Cinq psychanalyses*, *op. cit.*, p. 1-91. Le meilleur commentaire est celui de Patrick Mahony, *Dora s'en va. Violence dans la psychanalyse*, Paris, Les Empêcheurs de penser en rond, 2001.

tranchées, ni l'instant d'une vie brutalement interrompue au hasard d'un obus. Les mères, les filles, les sœurs apprirent à se passer des hommes dont elles recueillaient les souffrances ou les dépouilles à l'hôpital ou au cimetière. Contraintes de travailler pour continuer à exister, elles s'émancipèrent des signes les plus humiliants d'une domination masculine qui leur avait interdit de se mêler à la vie de la cité. Seules au milieu de leurs semblables, elles donnèrent alors naissance aux enfants de la génération future qui ne connurent leurs pères que de façon fugace et, la plupart du temps, à travers les sanglots de leurs mères endeuillées.

Vingt ans plus tard, ils retrouveront la guerre.

La Deuxième Guerre mondiale entraîna les femmes dans le combat. Cette fois, elles ne se contentèrent plus de regarder mourir les hommes ou de se substituer à eux à l'arrière des batailles. Résistantes ou incorporées, passives ou muettes, elles s'engagèrent par la plume, l'action ou le silence d'une fausse résignation. C'est ainsi qu'elles firent preuve d'une détermination qui, jusque-là, avait été l'apanage des hommes. Du moins le croyait-on.

Loin de se limiter aux canons et aux baïonnettes, cette guerre fut celle d'une tentative d'extermination du genre humain. Car, en attaquant le Juif dans son essence, au nom du surgissement d'une race élue, parée des rutilants faisceaux d'une chefferie de mascarade, le nazisme voulait anéantir, non pas l'ennemi ou le soldat, non pas le chef ou la nation, non pas le père, le fils ou le frère, mais l'humanité tout entière, qualifiée de sous-humanité : les femmes et les hommes, les vieillards et les enfants, les populations civiles, les handicapés, les malades, les fous, les anormaux, les « autres ».

Ce désir d'anéantissement s'accompagna d'une volonté de créer de toutes pièces une structure « aryenne » de la famille, assimilée à l'idéal d'une race prétendument purifiée de toute souillure[1]. Soucieux lui aussi de régénération, le régime de Vichy restaura les valeurs d'une virilité paternalocentriste fondée sur les symboles les plus archaïques de la France contre-révolutionnaire. « Travail, famille, patrie », tel fut le mot d'ordre qui permit à la « Révolution nationale » de promouvoir à la fois une politique de natalité qui livrait à la délation les « massacreurs d'innocents[2] » et un programme eugéniste à travers les thèses d'Alexis Carrel[3], partisan de l'amélioration du genre humain par la mesure de son « potentiel » ou par l'exclusion des « enfants déficients ». En 1943, alors même que le mouvement de l'École des parents diffusait de nouvelles théories éducatives inspirées par la psychanalyse, Marie-Louise Giraud, coupable d'avortement, était guillotinée à l'issue d'un procès expéditif.

De part et d'autre, d'Auschwitz à Hiroshima, la guerre se déploya sous le signe d'une dialectique de l'appar-

---

1. On donne le nom de *Lebensborn* à cette expérience qui fut initiée par Himmler le 12 décembre 1935.
2. C'est ainsi que l'on appelait les partisans de l'avortement.
3. Alexis Carrel (1873-1944), chirurgien lyonnais et auteur d'un best-seller vitaliste et ésotériste, *L'Homme, cet inconnu,* Paris, Plon, 1935 ; il créa en 1941, à la demande du gouvernement de Vichy, la Fondation pour l'étude des problèmes humains. Suspendu de ses fonctions à la Libération, il échappa au tribunal d'épuration en raison de son âge et de la maladie.

tenance et de l'exclusion, que les femmes ressentirent comme l'annonce d'un monde nouveau qui les incitait à prendre en main le devenir de leur condition : « Qu'il ne fût pas indifférent d'être juif ou aryen, à présent je le savais, écrira Simone de Beauvoir en 1944 ; mais je ne m'étais pas avisée qu'il y eût une condition féminine. Soudain, je rencontrai un grand nombre de femmes qui avaient dépassé la quarantaine et qui, à travers la diversité de leurs chances et de leurs mérites, avaient toutes fait une expérience identique : elles avaient vécu en "êtres relatifs"[1]. »

Quand Simone de Beauvoir fit paraître *Le Deuxième Sexe,* en juin 1949, elle ignorait que son livre allait être à l'origine, via un long détour par le continent nord-américain, d'une nouvelle manière de poser la question de la différence des sexes. Elle l'ignorait tellement qu'en 1968 elle découvrit ce féminisme du genre et du sexe dont elle avait été, avec ce livre inaugural, la première grande inspiratrice[2].

Pour la première fois, et alors que les femmes venaient d'acquérir en France le droit de vote, une femme écrivain et philosophe tissait un lien entre les diverses théories de la sexualité féminine issues de la refonte freudienne et les luttes pour l'émancipation. Beauvoir citait en effet les principaux textes du corpus psychanalytique. Par ailleurs, son livre était aussi un

---

1. Simone de Beauvoir, *La Force de l'âge* (1960), Paris, Gallimard, coll. « Folio », 1991, p. 654.

2. La plupart des travaux américains sur le genre et le sexe dont j'ai parlé ont pris pour point de départ l'ouvrage de Simone de Beauvoir.

immense commentaire critique de toutes les théories de la sexualité élaborées par les hommes dans le but de pérenniser leur domination sur le corps des femmes.

Dès sa parution, *Le Deuxième Sexe* fit scandale. Non pas par son contenu, d'une puissante érudition, mais parce qu'il était écrit par une femme et qu'il renversait le regard que le genre humain avait porté jusque-là sur le sexe et le corps des femmes. Une femme parlait aux hommes et aux femmes de ce mystère de la sexualité féminine qui avait valu à Tirésias son châtiment. Beauvoir étudiait la sexualité des femmes sous toutes ses formes, prenant en compte non seulement la réalité biologique, sociale et psychique des pratiques sexuelles, mais aussi les mythes fondateurs de la différence auxquels elle associait une approche de la vie privée. Et comme Freud, qui avait été accueilli par une bordée d'injures quand il avait osé parler de la sexualité infantile, elle dut affronter une explosion de haine : « frigide », « nymphomane », « lesbienne », « mal baisée ». François Mauriac écrivit même à un collaborateur des *Temps modernes* : « J'ai tout appris sur le vagin de votre patronne[1]. »

Sans citer beaucoup Melanie Klein, et sans bien comprendre la querelle interne qui opposait entre eux les héritiers de Freud, Beauvoir reprochait aux psychanalystes de calquer le destin féminin sur celui, à peine modifié, de l'homme. Et elle affirmait l'existence d'un *deuxième sexe* : « On ne naît pas femme, disait-elle,

---

1. Cf. Josyane Savigneau, « Simone de Beauvoir et le deuxième sexe », *Le Monde*, 5 février 1985.

on le devient[1]. » La formule exprimait fortement cette dialectique de l'être et de la subjectivité que la phénoménologie husserlienne, puis heideggérienne, avait porté à son incandescence. De même que pour Sartre l'antisémitisme n'était pas un problème juif, de même pour Beauvoir la question féminine n'était pas l'affaire des femmes mais de la société des hommes, seule responsable à ses yeux de leur inféodation à des idéaux masculins. Par cette phrase, elle répondait de fait à la fameuse formule de Freud empruntée à Napoléon. Le destin, disait-elle en substance, *n'est pas* l'anatomie car le sexe des femmes est une affaire politique...

Certes, Beauvoir faisait de la sexualité féminine une différence, à la manière de l'école culturaliste américaine, de Ruth Benedict à Margaret Mead : à chaque culture son type psychologique, à chaque groupe son identité, à chaque minorité son *pattern*. Si bien que toute société n'est que la somme de ses diverses communautés : les enfants, les Juifs, les fous, les femmes, les nègres, etc.

Cependant, elle donnait un contenu existentiel à cette différence : le féminin demeurait à ses yeux un devenir perpétuel qui ne s'enracinait ni dans le social, ni dans l'inconscient, ni dans le biologique, mais qui se *construisait* de façon dialectique dans le vécu du sujet, dans sa conscience. La femme était *Autre*, l'autre de l'homme, aliénée dans l'image que la société masculine lui renvoyait d'elle-même. A cet égard, Beauvoir

---

1. Cette phrase est énoncée dans le chapitre premier de la deuxième partie du *Deuxième Sexe*, intitulé « Enfance ». Cf. Simone de Beauvoir, *Le Deuxième Sexe*, vol. II, Paris, Gallimard, 1949, p. 13.

niait l'existence de l'inconscient freudien. Non seulement elle le considérait comme une instance biologique entravant la liberté humaine, mais elle lui attribuait une valeur universelle qui excluait à ses yeux la *différence* féminine.

Le Deuxième Sexe n'évacuait ni la notion de construction identitaire, ni celle de structure symbolique. Mais elle situait la construction de l'identité féminine du côté de la culture et non pas de la nature, allant jusqu'à nier l'importance de la différence biologique des sexes. En conséquence, elle pensait cette construction en fonction d'une pure relation d'altérité.

A cette époque, Beauvoir prit aussi en compte le débat sur la dualité de la nature et de la culture posé par Claude Lévi-Strauss dans *Les Structures élémentaires de la parenté,* publiées à la même date et à propos desquelles elle rédigea un commentaire élogieux. Appliquant la méthode structurale, Lévi-Strauss apportait un éclairage inédit à la question de l'universalité de la prohibition de l'inceste, qui avait tant partagé les ethnologues anglais et américains depuis la publication par Freud de *Totem et tabou* en 1912. Il montrait que cette prohibition accomplissait le passage de la nature à la culture en conservant de la nature son caractère formel et de la culture sa règle au sein de phénomènes ne dépendant pas d'elle de prime abord[1].

En se faisant la théoricienne du vécu existentiel des femmes et de la féminité, Beauvoir mobilisait aussi ses

---

1. Claude Lévi-Strauss, *Les Structures élémentaires de la parenté*, *op. cit.*

souvenirs et son expérience amoureuse. Elle rédigea en effet *Le Deuxième Sexe* au moment où elle accédait elle-même à une nouvelle vie sexuelle dans sa relation avec Nelson Algren. Et d'ailleurs, celui-ci joua un rôle déterminant dans l'élaboration de sa pensée. Non seulement il l'initia à la littérature américaine – notamment à la vie des femmes noires –, mais il lui fit éprouver les déchirements de la passion, du sexe et de l'amour.

« Pour la femme, disait Beauvoir, l'amour est une totale démission au profit d'un maître[1]. » Ainsi, cette femme indépendante décrivait des situations qui semblaient parfaitement étrangères à la sienne. Elle parlait de l'aliénation des femmes à l'ordre patriarcal masculin, à l'ordre biologique, alors qu'elle s'était donné la liberté de choisir son destin. Beauvoir, on le sait, ne voulut jamais renoncer à l'amour qu'elle portait à Sartre – son maître en philosophie –, dont elle était à la fois la mère, la sœur et la compagne, et elle se refusa à épouser un homme qu'elle désirait mais dont elle n'idéalisait guère les productions littéraires.

Dans sa vie comme dans son livre, Beauvoir séparait la féminité de la maternité, l'acte charnel de la procréation, le désir de la reproduction. Loin de renvoyer les femmes à leur état de mère, elle allait même jusqu'à refuser l'idée que la maternité fût autre chose qu'une contrainte liée à une insatisfaction. L'idée était neuve, subversive, scandaleuse.

Beauvoir ne fut pas la seule à porter un regard neuf

---

1. *Le Deuxième Sexe,* vol. II, *op. cit.,* p. 547.

sur la condition féminine au lendemain de cette guerre de destruction massive. Dans des pages admirables, rédigées en exil, Theodor Adorno soulignait combien le nazisme avait transformé les relations entre les générations et entre les hommes et les femmes, et à quel point le système communiste avait échoué dans sa tentative de subvertir la société. Mais il critiquait aussi – et de façon prophétique – les ravages que faisait peser la société marchande, mondialisée et anonyme, sur la vie familiale : « Le rapport aux parents commence tristement à s'estomper. En raison de leur impuissance économique, ils ne font plus peur. Autrefois, nous nous révoltions contre leur insistance à faire prévaloir le principe de réalité et contre leur prosaïsme, toujours prompt à s'emporter contre l'enfant qui refusait de renoncer à ses désirs […]. Mais, de nos jours il s'amorce une régression au terme de laquelle il n'y a plus de complexe d'Œdipe, mais quand même le meurtre du père. Assassiner les vieillards faisait partie des forfaits symboliques commis par les nazis. Dans de telles circonstances, il s'établit une tardive et lucide connivence avec les parents, celle qui lie entre eux les condamnés – troublée seulement par la crainte de n'être un jour, une fois réduits nous-mêmes à l'impuissance, plus en mesure de prendre soin d'eux […]. La violence dont ils sont les victimes fait oublier la violence qu'ils ont exercée […]. La mort de la famille paralyse les forces de résistance qu'elle suscitait. L'ordre collectiviste, à la montée duquel on assiste, n'est qu'une caricature de la société sans classe : la liquidation de l'individu bourgeois à laquelle il procède, c'est aussi celle de l'utopie qui nourrissait l'amour maternel[1]. »

A ce constat d'une inversion mortifère des générations et d'une mort programmée de la famille Adorno ajoutait celui, qui lui semblait plus redoutable encore, de l'avènement d'une « sexualité désexualisée » qui ne trouverait plus ses fondements dans le désir, l'amour ou la sublimation, mais dans une pratique purement physiologique de satisfaction des besoins : une sorte de pornographie puritaine et hygiénique. Enfin, il en venait à affirmer que l'humanité de demain serait en proie à un doute fondamental quant à sa capacité de se reproduire. « L'humanité, disait-il, risque fort de projeter inconsciemment son désir de survivre dans la chimère des choses jamais connues », une chimère semblable à la mort et marquant « le déclin d'un système qui ne semble plus avoir besoin de ses membres[2] ».

Sans doute Adorno se trompait-il en imaginant que le genre humain pût un jour ne plus désirer se reproduire. Après la Deuxième Guerre mondiale, en tout cas, le taux de natalité monta en flèche dans la plupart

---

1. Theodor Adorno, *Minima Moralia, op. cit.,* p. 18-19. On retrouve la même thématique dans *La Dialectique de la raison*, écrite en 1947 avec Max Horkheimer : « La désintégration de la propriété moyenne, la disparition du sujet économique indépendant touchent la famille : elle n'est plus la cellule de jadis tant vantée de la société, parce qu'elle ne constitue plus la base de l'existence économique du bourgeois. Pour les jeunes gens, la famille n'est plus le seul horizon de la vie. L'autonomie du père disparaît et, avec elle, l'opposition à son autorité. » (Paris, Gallimard, coll. « Tel », 1983, p. 116.)

2. Theodor Adorno et Max Horkheimer, *La Dialectique de la raison, op. cit.*, p. 255.

des pays européens libérés de la violence nazie. Et pendant deux décennies la famille demeura la cellule de base d'une société qui, par l'expansion démographique, cherchait à conjurer les fureurs du passé.

Choyée, soutenue, célébrée par l'État, en France notamment, elle devint l'enjeu d'une politique à travers laquelle la nation assurait désormais à ses membres un développement et une protection sans précédents dans l'histoire de l'humanité[1]. Tout se passait en effet comme si, au moment même où les femmes s'éveillaient lentement du long sommeil de leur asservissement, la famille menaçait de se détruire elle-même, de l'intérieur, à force de nourrir des intérêts contraires à l'éclosion de la nouvelle identité féminine. Il convenait donc de la reconsidérer, de la solidifier, de la planifier, de l'aménager, afin qu'elle ne s'effondrât point. Dans cette perspective, les États prirent le relais de l'autorité doublement défaillante du père et de la mère. Les institutions éducatives, sociales, médicales et culturelles organisèrent la vie privée de chacun pour faire de la famille le foyer normatif d'une individualité citoyenne et démocratique.

De ce point de vue, Adorno ne s'était trompé ni sur l'avènement d'une sexualité désexualisée – qui conduira au culte contemporain de la pornographie –, ni sur le devenir d'un possible refus par les femmes de la transmission de la vie. Car, tout au long du processus de revalorisation familialiste auquel on assista jusqu'en

---

1. Repris en 1958, le préambule de la Constitution française de 1946 précise : « La nation assure à l'individu et à la famille les conditions nécessaires à leur développement. »

1960, une fracture irréversible semble s'être creusée, en Occident tout au moins, entre le désir de féminité et le désir de maternité, entre le désir de jouir et le devoir de procréer.

Autrement dit, plus la frustration sexuelle diminuait, plus le divorce se normalisait et plus la famille nucléaire affective se réduisait à une « dyade conjugale[1] » sans cesse recomposée. On pensa alors que la cellule familiale, déjà en ruine, allait s'éteindre à force d'être rejetée pour sa puissance répressive : « Familles, je vous hais ! Foyers clos ; portes refermées ; possessions jalouses du bonheur. » Ce jugement tiré des *Nourritures terrestres*[2] servit d'emblème à une révolution des mœurs qui consista tantôt à souhaiter et tantôt à redouter la mort de la famille.

---

1. Edward Shorter, *Naissance de la famille moderne, op. cit.,* p. 339.
2. André Gide, *Les Nourritures terrestres,* Paris, Gallimard, 1917. Cf. également : « L'avenir appartient aux bâtards. Quelle signification dans ce mot "*Un enfant naturel*" ! Seul, le bâtard a droit au naturel. » (*Journal des faux-monnayeurs,* Paris, Gallimard, 1925.)

7

La puissance des mères

Freud excluait l'idée qu'une séparation fût possible entre le féminin et le maternel, entre l'être femme et la procréation, entre le sexe et le genre. Et pourtant, il accepta d'envisager cette éventualité, voire de s'y confronter, dans la mesure même où il avait inventé les outils théoriques capables de la conceptualiser. Mais il n'essaya ni de l'intégrer à son interprétation de la civilisation, ni même d'imaginer que la civilisation pourrait un jour l'accepter sans sombrer dans le chaos.

A cet égard, il adhérait à l'injonction socratique énoncée par Platon et reprise en partie par l'histoire de la métaphysique occidentale : « Qu'on obéisse à la nature dans l'accouplement destiné à la procréation ; qu'on ne touche pas au sexe mâle ; qu'on ne tue pas délibérément la race humaine ; qu'on ne jette pas délibérément la semence parmi les rocs et les cailloux où elle ne prendra jamais racine de façon à reproduire sa propre nature ; qu'on s'abstienne enfin, dans le champ féminin, de tout labour qui se refuse volontairement à la fécondation. Si cette loi prend à la fois permanence et force, autant de force qu'en a maintenant celle qui prohibe tout commerce entre pères et enfants, et si, dans les autres commerces, elle obtient comme elle doit la même victoire, elle sera mille et mille fois bienfaisante[1]. »

On comprend alors pourquoi l'hostilité au principe de la famille patriarcale qui se concrétisa dans la révolte antiautoritaire des années 1960-1975, autant sur les campus américains que dans les universités européennes, prit l'allure d'une mise en cause radicale de l'œdipianisme psychanalytique. Il faut dire que celui-ci valorisait de plus en plus la psychologie du complexe au détriment d'une réflexion sur le tragique. Aussi était-il devenu le dogme d'une sorte de conservatisme, certes adapté aux normes de la famille restreinte de la première moitié du siècle, mais peu capable de rendre compte de la nouvelle réalité des relations entre les

---

1. Platon, *Les Lois,* VIII, 838-839, in *Œuvres complètes,* vol. II, Paris, Gallimard, coll. « Bibliothèque de la Pléiade », 1950, p. 955. Jacques Derrida a retraduit et commenté ce passage dans un texte célèbre, « La pharmacie de Platon » (1968). Dans un chapitre intitulé « La scène de famille », il a montré qu'il existait chez Platon deux usages possibles du sperme dans la relation père/fils. D'un côté, la semence paternelle (à la fois phallus et *logos*) régit les lois de la descendance dans la cité, et, de l'autre, elle se dissémine quand le père engendre un fils parricide qui se détruit dans la contestation mortifère de l'ordre paternel : « La semence doit donc se soumettre au *logos*. Et se faire ainsi violence, car la tendance naturelle du sperme l'oppose au *logos*. » (*La Dissémination,* Paris, Seuil, 1972, p. 178.)

sexes dont Simone de Beauvoir avait perçu les prémices.

Transposée à l'époque moderne, la superbe injonction de Platon, qui réclamait comme Freud que l'on ne disséminât point l'un dans le multiple, l'universel dans *les* différences, parut alors aussi dérisoire que les cris angoissés des partisans de l'ancien ordre patriarcal soucieux, face à la montée du féminisme, de restaurer les valeurs viriles d'une société dont on déplorait qu'elle fût livrée à la révolte d'une jeunesse qui n'avait pas connu la guerre et qui refusait de s'y engager, en Algérie d'abord, au Vietnam ensuite. Et, au fur et à mesure que cette jeunesse du monde occidental contestait le bien-fondé des guerres coloniales, du racisme, de la xénophobie, de l'universalisme formel des droits de l'homme, ou encore des modalités traditionnelles de la transmission des savoirs, elle était accusée de bafouer l'autorité des maîtres, de la nation, de la patrie. L'ordre symbolique semblait s'évanouir comme s'était dissoute autrefois la souveraineté de Dieu le père. On ne voulut pas entendre que cette jeunesse revendiquait une *autre* autorité, un nouvel ordre symbolique, une nouvelle loi du monde et du désir, capables de répondre aux mutations de la famille qui émergeaient dans la vie sociale.

Et comme on imaginait bien que les femmes allaient progressivement maîtriser tous les processus de procréation, on les soupçonna, une fois encore, d'être les responsables d'un effacement des différences portant atteinte à l'essence même de la cellule germinative de l'homme.

Car désormais, elles *touchaient* à la semence masculine, comme autrefois Damiens avait *touché* le corps du roi. Les femmes étaient ainsi devenues, fantasmatiquement, aussi criminelles que l'avaient été autrefois les régicides et les parricides. Cependant, malgré les apparences, elles devaient moins leur nouvelle puissance à leur féminité qu'à un renversement de l'ordre procréatif qui les ramena bientôt au règne du maternel.

Depuis toujours, les hommes, incapables de reproduire eux-mêmes leurs semblables, avaient dû accepter de s'en remettre aux femmes pour fabriquer leurs fils et transmettre leur nom. Contraints de leur confier cette tâche, ils avaient soigneusement réglementé et dominé le corps de leurs compagnes, notamment par le rejet des « bâtards » engendrés par eux et par l'institution du mariage, qui supposait, comme je l'ai déjà dit, que la femme fût absolument fidèle. Et voilà que maintenant elles leur échappaient en revendiquant le droit au plaisir, en négligeant leur devoir procréatif[1]. Elles ne se contentaient plus de regarder l'histoire en spectatrices, elles en étaient les héroïnes actives, aussi cruelles parfois que les hommes.

Ainsi semblait se réaliser cette idée, parfaitement mise en scène par Proust, selon laquelle l'expérience amoureuse des hommes les conduit, non pas à une fusion avec l'objet de leur désir, mais à l'impossibilité de toute union pleinement réalisée. Et pour désigner cette absence de plénitude et de complémentarité entre les sexes, qui apparaissait désormais dans le réel, Lacan

---

1. Cf. Françoise Héritier, « Les hommes peinent à accepter que les femmes soient leurs égales », entretien avec Blandine Grosjean, *Libération,* 18 au 19 août 2001.

emprunta à Drieu la Rochelle une remarque dont il fera un aphorisme : « La Femme n'existe pas[1]. » Elle n'est « pas toute », dira-t-il, ni une nature, ni une catégorie, ni une totalité, ni une culture. Elle n'est jamais, pour l'homme, au même moment, ni dans le même instant, ce que l'on croit qu'elle pourrait être. Aussi échappe-t-elle à toute programmation par une jouissance illimitée confinant à la mort. Lacan, on le sait, préféra toujours Antigone à Œdipe et à Créon, l'illimité de l'héroïsme féminin – fût-il celui de l'extase ou de la perte – à la raison d'État ou à la rébellion des fils contre les pères. D'où sa conviction que la famille ne pouvait être que l'expression sociale d'un désordre psychique parfaitement ordonné en apparence, mais sans cesse détruit de l'intérieur.

C'est au lendemain de la Deuxième Guerre mondiale que les techniques médicales de régulation des naissances se substituèrent progressivement au *coitus interruptus* et à l'usage des préservatifs masculins. Que ce soit avec l'aide du Planning familial ou en recourant aux différentes techniques destinées à empêcher la fécondation – dispositifs intra-utérins, pilule, avortement[2] –, les femmes conquirent, au prix de luttes diffi-

---

1. C'est Christian Jambet qui a remarqué que cette formule était empruntée par Lacan à Drieu la Rochelle. Cf. « La femme n'existe pas », in *La Revue des Deux Mondes,* juillet-août 2000, p. 81-86 ; et Jacques Lacan, *Le Séminaire*, livre XX : *Encore* (1972-1973), *op. cit.*, p. 68.

2. En 1955, l'avortement dit « thérapeutique » fut autorisé en France au moment où, aux États-Unis, Gregory Pinkus mettait au point la pilule anticonceptionnelle. Un an plus tard, Marie-Andrée

ciles, des droits et des pouvoirs qui leur permirent, non seulement de réduire la domination masculine mais d'en inverser le cours. Leurs corps se modifièrent en même temps que leurs goûts et leurs aspirations.

Déjà, en 1899, Émile Zola s'était alarmé de voir évoluer les critères d'appréciation de la beauté féminine : « L'idée de beauté varie, disait-il, vous la mettez dans la stérilité de la femme aux formes longues et grêles, aux flancs rétrécis. » Plus tard, les médecins dénoncèrent « l'éclipse du ventre », qui faisait fureur dans les salons de la Belle Époque. Quant aux robes « garçonnières » des années folles, symbole du « dédain moderne pour la maternité », elles suscitèrent la réprobation des juges et des censeurs, attachés à l'idéal plantureux des anciennes matrones[1].

Ces changements n'étaient rien en regard de ceux qui

Lagroua-Weill-Hallé fondait le Mouvement de la maternité heureuse, qui deviendra, en 1963, le Mouvement pour le planning familial, rattaché à la Fédération internationale du même nom. En 1967, sous l'impulsion de Lucien Neuwirth, une loi fut votée autorisant la contraception. Enfin, en 1975, Simone Veil parvint à faire voter une loi sur l'interruption volontaire de grossesse (IVG). La même année, la loi sur le divorce fut modifiée par l'introduction de la procédure dite de « consentement mutuel », qui conduira à l'abolition de la notion de « faute ». Durant cette période, et jusqu'à la fin du siècle, des lois similaires furent votées en Europe, aux États-Unis et dans différents pays de l'aire occidentale. Sur toutes ces questions, on pourra consulter l'ouvrage de Janine Mossuz-Lavau, *Les Lois de l'amour. Les politiques de la sexualité en France (1950-1990)*, Paris, Payot, 1991.

1. Cf. Philippe Perrot, *Le Travail des apparences. Le corps féminin, XVIIIe-XIXe siècle* (1984), Paris, Seuil, coll. « Points », 1991, p. 196.

se produisirent durant la deuxième moitié du XXe siècle. La généralisation de nouvelles règles esthétiques imposées par le marché de la mode et la domestication standardisée des apparences corporelles contribuèrent, jusque dans leurs excès, à une véritable révolution de la condition féminine. Dans ce contexte, les femmes se préoccupèrent davantage de leur image et de s'assurer un rôle social qui leur permettrait de masquer leur intériorité affective. Elles furent alors moins rebelles, moins hystériques, plus dépressives. On affirma aussitôt qu'elles se « masculinisaient » et que les hommes se « féminisaient », et l'on en déduisit que les enfants de ces femmes « viriles » et de ces hommes « androgynes » ne parviendraient jamais à s'assurer une identité stable[1]. Toutes ces métamorphoses ne faisaient que traduire les angoisses d'un monde bouleversé par ses propres innovations.

Instauré comme un droit par les révolutionnaires en 1792, restreint par le Code Napoléon en 1804, interdit sous la Restauration à partir de 1816, rétabli enfin par la République en 1884, le divorce fut toujours condamné moralement par les conservateurs qui redoutaient que sa propagation n'entraînât la mort de la famille, l'abolition du sentiment de l'altérité et, au bout du chemin, l'anéantissement de toute vie sociale. Pour les progressistes, il traduisait juridiquement une situation d'échec, et permettait une sorte de répudiation nécessaire, laï-

---

1. Élisabeth Badinter analyse les mécanismes de cette transformation dans deux ouvrages pionniers : *L'un est l'autre,* Paris, Odile Jacob, 1986, Le Livre de Poche n° 6410 ; *XY. De l'identité masculine,* Paris, Odile Jacob, 1992, Le Livre de Poche n° 9783.

cisée et réciproque. C'est pourquoi l'idée qu'il pût être consenti leur paraissait concevable. Au fil des années, on s'aperçut que la famille restreinte se pérennisait au prix d'une déconstruction qui l'éloignait de l'institution du mariage.

Considéré comme un sacrement par le droit canonique[1], puis comme nécessaire à la légitimation des conjoints et de leurs enfants dans le droit laïque, le mariage perdit en effet de sa force symbolique à mesure que progressait le nombre des divorces. Comment pouvait-il continuer à incarner la puissance du lien familial dès lors qu'il n'était plus indissoluble ? De fait, il fut de plus en plus assimilé à un rite festif qui advenait, non plus comme l'acte fondateur d'une cellule familiale unique et définitive, mais comme un contrat plus ou moins durable entre deux personnes.

D'où l'apparition de la notion de « famille recomposée », qui renvoie à un double mouvement de désacralisation du mariage et d'humanisation des liens de parenté. Au lieu d'être divinisée ou naturalisée, la famille contemporaine se voulut fragile, névrosée, consciente de son désordre, mais soucieuse de recréer entre les hommes et les femmes un équilibre que ne pouvait leur procurer la vie sociale. Ainsi fit-elle jail-

---

1. « L'alliance matrimoniale, par laquelle un homme et une femme constituent entre eux une communauté de toute vie, ordonnée par son caractère naturel au bien des conjoints ainsi qu'à la génération et à l'éducation des enfants, a été élevée entre baptisés par le Christ Seigneur à la dignité de sacrement. » (*Code de droit canonique bilingue et annoté,* Montréal, Wilson & Lafleur ltée, 1999, p. 1054.)

lir de sa défaillance même une vigueur inattendue. Construite, déconstruite, reconstruite, elle regagna son âme dans la quête douloureuse d'une souveraineté brisée ou incertaine[1].

Et si certains enfants pouvaient être élevés désormais sous l'autorité de deux pères et de deux mères, et sous le même toit que leurs demi-frères ou leurs demi-sœurs, cela signifiait que d'autres enfants, vivant avec un seul parent, ne tarderaient pas à être regardés, sans honte, comme des sujets à part entière. Surnommés autrefois « bâtards », ces enfants-là furent appelés « naturels » puis intégrés à la norme d'un nouvel ordre familial recomposé.

En 1975, Andrée Michel, sociologue féministe[2], s'inspira des expériences de la famille américaine pour introduire en France l'expression « famille monoparentale », qui servit à désigner, sans le stigmatiser, un modèle de famille « irrégulière », jugé toutefois plus négatif que celui de la parentalité reconstruite. Les « filles mères » furent alors qualifiées de « mères célibataires » : « De nos jours, écrit Marie-Élisabeth Handman, les mères célibataires ne sont plus mises au ban de la société, alors qu'il y a encore moins de trente ans, elles étaient considérées comme ayant transgressé l'obligation du mariage pour procréer. Le divorce est aujourd'hui chose courante, alors qu'il était considéré comme une transgression des bonnes mœurs et

---

1. Cf. Louis Roussel, *La Famille incertaine,* Paris, Odile Jacob, 1989.
2. Andrée Michel, *Sociologie de la famille et du mariage,* Paris, PUF, 1972.

que, dans les années 1950 encore, les femmes divorcées n'étaient pas reçues dans les "bonnes familles". Quand les aspirations d'une société démocratique se font impérieuses aux yeux du plus grand nombre – et à défaut aux yeux de ceux qui défendent les fondements mêmes de la démocratie [...] le droit finit par se plier à ces aspirations[1]. »

Non seulement les femmes avaient acquis le pouvoir de porter atteinte au caractère sacré de la semence masculine, pour la satisfaction d'un plaisir distinct de celui de la maternité, mais elles pouvaient tout aussi bien interdire à cette semence d'accomplir le devoir d'engendrement et de non-dissémination que lui avait confié la nature. Au lieu de transmettre la vie et la mort, comme elles l'avaient fait depuis la nuit des temps, elles pouvaient donc, à l'aube du XXIe siècle, refuser, si elles le décidaient, le principe même d'une transmission. Elles avaient acquis, en quelque sorte, la possibilité de se vouloir stériles, libertines, amoureuses d'elles-mêmes, sans encourir les foudres d'une condamnation morale ou d'une justice répressive.

Mais elles pouvaient également contrôler le nombre des naissances et refuser de mettre au monde, de la puberté à la ménopause, un nombre illimité d'enfants. A l'égal des hommes, elles pouvaient aussi procréer des enfants de plusieurs lits et les faire cohabiter dans

---

1. Marie-Élisabeth Handman, « Sexualité et famille : approche anthropologique », in *Au-delà du pacs, op. cit.,* p. 260-261. Le terme « coparentalité » s'est imposé en 1970 avec la loi sur le partage de l'autorité parentale. Cf. chapitre V du présent ouvrage : « Le patriarche mutilé ».

des familles dites « coparentales », « recomposées », « biparentales », « multiparentales », « pluriparentales » ou « monoparentales ». La diffusion de cette terminologie, dérivée du terme « parentalité », traduit tout autant l'inversion de la domination masculine, que j'ai évoquée, qu'un nouveau mode de conceptualisation de la famille.

Désormais, celle-ci ne sera plus regardée seulement comme une structure de la parenté reconduisant l'autorité défaite du père, ou synthétisant le passage de la nature à la culture à travers des interdits et des fonctions symboliques, mais comme un lieu de pouvoir décentralisé et à visages multiples. A la définition d'une essence spirituelle, biologique ou anthropologique de la famille, fondée sur le genre et le sexe ou sur les lois de la parenté, et à celle, existentielle, induite par le mythe œdipien, s'est substituée celle, horizontale et multiple, inventée par l'individualisme moderne, et aussitôt disséquée par le discours de l'expertise[1].

Cette famille-là ressemble à une tribu insolite, à un réseau asexué, fraternel, sans hiérarchie ni autorité, et dans laquelle chacun se sent autonome ou fonctionnalisé. Quant à la transformation en « experts » de certains praticiens des sciences sociales et humaines, elle est le symptôme de l'émergence d'un nouveau discours sur la famille survenu à la fin des années 1960.

Jusqu'à cette date, en effet, les politiques d'État s'occupaient essentiellement de problèmes démo-

---

1. Ce discours de l'expertise a été fort bien dénoncé par Michel Foucault dans *Les Anormaux. Cours au Collège de France, 1974-1975*, Paris, Gallimard/Le Seuil, coll. « Hautes études », 1999.

graphiques et épidémiologiques : natalité ou santé publique. Mais avec l'augmentation du nombre des divorces, la hausse de la procréation hors mariage et la baisse de la fécondité, les chercheurs de toutes les disciplines furent convoqués au chevet de la famille que l'on pensait en danger[1]. Et du coup, on se mit en devoir d'accroître toutes les formes de surveillance et d'observation de la vie privée. On prétendit donc *expertiser* – et non plus se contenter d'écouter ou de comprendre – le domaine de l'âme et de la vie psychique, les états mentaux, les normes et les déviances. En bref, on chercha à mettre sous contrôle la banalité de la vie quotidienne en édictant des règles propres à distinguer les bonnes façons de vivre sa sexualité en couple ou en conseillant les parents sur la meilleure façon d'éduquer le désir infantile, à l'aide d'une multitude de références à tel complexe ou à telle frustration. La psychologie œdipienne vint ainsi seconder l'État dans la gestion de l'autorité parentale. En France, l'expert en sciences humaines et sociales prit, de ce point de vue, la place de l'intellectuel engagé, incarné autrefois par Hugo, Zola ou Sartre.

Partout ailleurs, il fut également requis, moins pour son éthique ou son savoir que pour ses compétences dites « scientifiques ». En un mot, on attendait des sciences humaines ce que l'on réclamait des sciences de la nature : une certitude assortie de résultats, de mesures, de calculs ou d'observations, qu'elles ne pou-

---

1. A ce sujet, on lira avec intérêt l'article d'Élisabeth Zucker-Rouvillois, « L'expertise familiale ou la perte du doute scientifique », in *Au-delà du pacs, op. cit.,* p. 111-129.

vaient, bien entendu, en aucun cas fournir. Il en résulta, vingt ans plus tard, une sorte de désastre, dénoncé aujourd'hui par ceux-là mêmes qui en furent parfois les artisans.

D'origine anglophone[1], le mot « parentalité » (*parenthood*) se généralisa à partir de 1970 pour définir le parent d'après sa « qualité » de parent ou sa faculté d'accéder à une fonction dite « parentale ». Avec l'apparition d'une terminologie aussi technique, la configuration romanesque et mythique, qui avait nourri le discours des humanités classiques sur les relations entre les hommes et les dieux, entre les hommes et les femmes, entre les sexes et les genres, entre le destin et le sujet, vint s'échouer dans un univers fonctionnaliste d'où était évacué tout sens du tragique. Comment comprendre les Atrides ou les Labdacides, le père Goriot, Madame Bovary, Jean Valjean ou le narrateur de Marcel Proust à partir de telles représentations du champ social qui réduisent la famille à une entreprise de planification juridico-comportementale ? Concevoir des projets parentaux, définir des programmes de fécondation, traquer des attitudes sexuelles bonnes ou mauvaises : est-ce là les nouvelles valeurs de la famille voulues par les experts et adoptées par le consumérisme des classes moyennes ?

En fait, cette attitude positiviste, qui cherche aujourd'hui à contrôler la déconstruction spontanée de la famille occidentale, doit être regardée comme une

---

1. Cf. Esther N. Goody, *Parenthood and Social Reproduction*, Cambridge, Cambridge University Press, 1982.

réaction à la grande vague de contestation antiautoritaire et antifamilialiste des années 1965-1975.

Loin d'opposer l'esprit de famille à la raison d'État, les étudiants rebelles des années de braise récusèrent, en un même mouvement, le familialisme et les principes étatiques de la bourgeoisie capitaliste. Et quand, en 1967, la troupe du Living Theatre mit en scène l'histoire d'Antigone, revue et corrigée par Bertolt Brecht, elle transforma la pièce en une célébration sacrée de l'éthique libertaire. Interprétée par Judith Malina, la fille d'Œdipe et de Jocaste incarnait la désobéissance civile américaine face à Créon (Julian Beck), général en chef d'une armée impérialiste emporté par une foule de comédiens dénudés qui mimaient la frénésie d'une scène de transe. Assimilé à un déserteur, Polynice devenait le héros d'une guerre victorieuse contre le vieux monde occidental qu'il avait réussi à détruire en pactisant avec l'ennemi. A l'apologie de la lutte anticoloniale se mêlait le grand rêve pacifiste d'une abolition définitive de toutes les formes possibles de souveraineté. Mais le risque était là de voir Antigone se muer en une figure souveraine de la terreur noire, semblable à celle que Lacan avait revisitée, quelques années plus tôt, pour la désigner comme un défi à la loi du père de nature « cannibale »[1]. Il ne s'agissait plus simplement de haïr la famille pour mieux la revaloriser, mais de la

---

[1]. Cf. Philippe Lacoue-Labarthe, *L'Antigone de Sophocle,* Paris, Bourgois, 1978. On retrouve ce thème dans le roman de Philip Roth, *Pastorale américaine,* Paris, Gallimard, 1999.

dévorer dans ses fondements et dans sa chair en dansant au-dessus de son cadavre[1].

Dans *L'Anti-Œdipe*, dont le succès sera considérable auprès de la génération contestataire, Gilles Deleuze et Félix Guattari s'en prenaient au pilier essentiel de la doctrine psychanalytique : le fameux complexe. Mais loin de brandir le flambeau de l'interrogation tragique, repris par Freud et Lacan, ils s'attaquaient au dogme familialiste de la corporation psychanalytique des années 1970. Et cette critique était ô combien nécessaire ! L'inconscient, disaient-ils en substance, ce n'est ni un théâtre, ni une scène tragique, ni une structure, mais une usine, une machine désirante, un délire composé de flux multiples que la psychanalyse emprisonne dans le carcan d'un complexe semblable à un asile, à une école, à une gendarmerie, à une prison.

La révolution, expliquaient Deleuze et Guattari, devait se donner pour tâche de libérer le désir du grand renfermement auquel l'avaient condamné la psychanalyse et les sciences sociales et humaines érigées en discours du maître. Aussi fallait-il libérer l'homme de ses entraves en libérant la folie de ses chaînes afin de redonner au monde une allure dionysiaque. Et l'essence de celle-ci se trouve dans la schizophrénie, cette folie de l'errance par laquelle l'inconscient dérive entre les races, les continents, les pulsions : « Inépuisable et toujours actuel, le sottisier d'Œdipe. On nous dit que les pères moururent "tout au long de milliers d'années" (tiens, tiens) et que l'intériorisation correspondante de

---

1. Cf. George Steiner, *Les Antigones, op. cit.*

l'image paternelle se produisit durant le paléolithique jusqu'au début du néolithique, "il y a huit mille ans environ". On fait de l'histoire ou on n'en fait pas, mais vraiment, quant à la mort du père, la nouvelle ne va pas vite […]. Dieu mort ou pas mort, le père mort ou pas mort, ça revient au même, puisque la même répression et le même refoulement se poursuivent, ici au nom de Dieu ou d'un père vivant, là au nom de l'homme ou du père mort intériorisé[1]. »

Le poème deleuzien chantait les louanges d'Artaud, d'Hölderlin et de Nietzsche, mais il oubliait que la tragédie de la folie ordinaire n'a pas grand-chose à voir avec les prophéties incantatoires de Zarathoustra. L'esprit libertaire avait beau se parer d'un langage incandescent, il n'en demeurait pas moins l'expression d'une inversion des pouvoirs, aussi limitée qu'utopique[2].

Cependant, cet antiœdipianisme machinique fonctionna comme le révélateur d'un revirement profond de la société qui annonçait le triomphe du multiple sur l'un et du désordre normalisé sur la symbolisation tragique : une culture du narcissisme et de l'individualisme, une religion du moi, un souci de l'instant, une abolition fantasmatique du conflit et de l'histoire.

A la forte contestation de cette décennie antiœdipienne, anticapitaliste et libertaire, succéda un retour à la norme centré sur une quête de la reconstruction de

---

1. Gilles Deleuze et Félix Guattari, *L'Anti-Œdipe, op. cit.,* p. 126.

2. On retrouve la même thématique dans l'ouvrage de David Cooper *Mort de la famille* (1971), Paris, Seuil, 1972.

soi. Et ce passage d'un Œdipe désavoué à un Narcisse triomphant s'affirma d'abord dans les communautés thérapeutiques de la côte californienne. Il fut ensuite analysé par les sociologues, les psychanalystes ou les philosophes – de Heinz Kohut à Christopher Lasch notamment – comme un phénomène de désillusion lié à la perte de l'engagement politique. Si Œdipe avait été pour Freud le héros conflictuel d'un pouvoir patriarcal déclinant, Narcisse incarnait désormais le mythe d'une humanité sans interdit, fascinée par la puissance de son image : un véritable désespoir identitaire[1].

Ne pouvant accepter ni la vieillesse ni la transmission généalogique, Narcisse, on le sait, préfère mettre fin à ses jours pour ne pas perdre ce que d'autres après lui risqueraient de recevoir. A la différence d'Œdipe, qui se punit pour que vive la cité, il se replie dans un enfermement tragique, mais protecteur.

C'est dans ce contexte qu'apparurent les premières expériences d'homoparentalité. Forgé sur le même modèle que les autres termes désignant les nouvelles formes de « parentalité », le mot témoignait pourtant d'une pratique radicalement nouvelle de l'engendrement et de la procréation. De ce point de vue, il traduisait un double mouvement, à la fois transgressif et normalisateur. D'un côté était tourné en dérision le principe de la différence sexuelle sur lequel reposait jusqu'à présent la cellule familiale, et, de l'autre, celle-ci était reven-

---

1. Cf. Heinz Kohut, *Le Soi* (New York, 1971), Paris, PUF, 1991 ; et Christopher Lasch, *La Culture du narcissisme* (1979), Paris, Climats, 2000. J'ai déjà évoqué cette question dans *L'Analyse, l'archive,* Paris, Bibliothèque nationale de France/Seuil, 2001.

diquée comme une norme désirable et désirée. Pour la première fois en Occident, des femmes et des hommes homosexuels prétendaient se passer du coït vaginal pour fonder une famille. Non seulement ils ne vouaient plus aux gémonies un ordre jugé autrefois aliénant, mais ils ne refoulaient plus leur désir de procréer des enfants avec une personne de leur choix. Fascinante actualisation de ce *romantic love* qui avait mis fin aux anciennes traditions des mariages arrangés[1] !

Pour prendre la mesure de l'événement, il est indispensable de retracer l'histoire des progrès de l'insémination artificielle, qui ouvrit la voie, dans le domaine de la procréation, à un possible remplacement des rapports sexuels par une intervention médicale.

A partir de 1950, au moment où les techniques de contraception scientifique succédaient lentement aux anciennes pratiques spontanées, les premiers traitements contre la stérilité furent mis au point[2], per-

---

1. Cette question sera traitée au chapitre VIII : « La famille à venir ».
2. La fécondité est la matérialisation de la procréation par la conception réelle d'un enfant, alors que la fertilité est une potentialité, une aptitude à concevoir qui ne se réalise qu'avec la fécondation, processus biologique par lequel se réalise la fusion entre des cellules mâles et femelles appelées gamètes. Les gamètes mâles sont portés par le sperme, composé de spermatozoïdes, et les gamètes femelles par l'ovule. En se rencontrant, ils forment un œuf qui se transformera en un embryon, puis en un fœtus. L'ovocyte est un gamète femelle non encore arrivé à maturité. On appelle « stérilité » une infertilité liée, chez les hommes et les femmes, à des raisons organiques. On entend par « procréation » le fait de produire et de faire naître un enfant, et par « enfantement » l'acte

mettant de congeler la semence masculine dans le cas où un traitement médical dévastateur (chimiothérapie anticancéreuse) aboutirait, chez un futur père, à une stérilité définitive. Par la technique dite de l'insémination artificielle interconjugale (IAC), on put alors faire naître des enfants à l'aide d'une canule dans laquelle étaient placés des spermatozoïdes qui entraient en contact avec la glaire du col utérin au moment de l'ovulation.

Pour la première fois dans l'histoire de l'humanité, la science se substituait ainsi à l'homme, remplaçant un acte sexuel par un geste médical. Jusqu'alors, la contraception avait permis aux femmes de connaître le plaisir sans risque de procréer ; grâce à la médicalisation de cette procréation, on pourrait librement fabriquer des enfants sans plaisir, voire sans désir. Mais jamais rien encore n'avait mis en cause la filiation biologique, et l'enfant né de cette manière avait pour père et pour mère ses véritables géniteurs.

En 1970, quand l'IAC se révéla inefficace du fait d'une stérilité masculine totale, on commença à remplacer la semence défaillante par une autre, anonyme, en provenance d'un tiers qui n'était pas le géniteur. On nomma alors « procréation médicale assistée » (PMA), ou « assistance médicale à la procréation » (AMP), cette nouvelle technique d'insémination artificielle avec donneur (IAD)[1]. Puis on mit au point la fécondation

---

de mettre au monde un enfant. Le mot « engendrement » désigne la procréation masculine, et il tend à se confondre avec celui de « filiation », d'ordre symbolique ou juridique.

1. Dans le monde anglophone, on emploie l'expression « pro-

in vitro avec transplantation (FIVET), qui permettait de traiter les stérilités féminines liées notamment aux maladies des trompes. Dans ce cas, la fécondation avec la semence du père ou avec celle d'un donneur anonyme était réalisée dans une éprouvette, et donc hors du corps de la mère. Après fécondation, l'œuf était réimplanté dans l'utérus maternel. Deux enfants naquirent grâce à cette technique : Louise Brown en Angleterre en 1978, Amandine en France quatre ans plus tard. Leurs pères et mères étaient aussi leurs géniteurs.

Si l'on pouvait désormais se passer de l'acte sexuel pour fabriquer des enfants, et si l'on savait reproduire la fécondation hors du corps de la mère et à l'aide d'une semence qui n'était pas celle du père, cela voulait dire que l'institution du mariage devait être repensée de fond en comble. Car celle-ci reposait sur l'idée que l'acte sexuel a pour corollaire la procréation, et que la paternité sociale est inséparable de la paternité biologique. Or, la contraception, d'une part, et la procréation médicale assistée, de l'autre, semblaient apporter un démenti flagrant à tout cet héritage judéo-chrétien sur lequel s'était construite la famille moderne. Non seulement le père géniteur risquait d'être réduit à une semence, mais il cessait d'être « incertain ». Son nom, qui de tout temps avait imprimé sur le corps de l'enfant la marque de sa souveraineté symbolique, ne servait

---

création artificielle avec donneur » (*artificial procreation*). Cf. Geneviève Delaisi de Parseval et Alain Janaud, *L'Enfant à tout prix* (1983), Paris, Seuil, coll. « Points », 1985 ; et Geneviève Delaisi de Parseval et Pierre Verdier, *Enfant de personne,* Paris, Odile Jacob, 1994.

plus de preuve irréfutable à une paternité désormais « prouvée » par la science.

Quant à la mère, ce grand réceptacle de tous les fantasmes nourriciers, elle se voyait dépossédée par une éprouvette (ou « fivete ») de l'origine corporelle de la fécondation. En outre, elle était en passe de devenir incertaine au moment même où le père cessait de l'être. Déjà, en effet, on prévoyait que le don de la semence masculine pourrait un jour être complété par celui des ovules, au cas où une femme ne serait en mesure ni de procréer ni même de porter un enfant. La notion de « mère porteuse » ou de « mère d'emprunt » faisait son chemin.

L'idée de conserver la semence masculine remontait à Paolo Mantegazza, qui avait créé à Pavie, en 1866, une banque de sperme à usage vétérinaire. Dès cette époque, il pensait que l'on pourrait un jour conserver la semence des soldats qui partaient à la guerre afin d'inséminer leurs veuves à titre posthume[1]. Il ne se trompait pas. Et d'ailleurs, en 1957, commentant le cas d'une femme américaine qui avait eu recours à une insémination artificielle *post mortem* grâce au sperme congelé de son mari, Lacan imaginait, lui aussi, que ce type de manipulation pourrait un jour se réaliser : « Je vous laisse le soin d'extrapoler – à partir du moment où l'on s'est engagé dans cette voie, nous ferons aux femmes, dans des centaines d'années, des enfants qui seront les fils directs des hommes de génie qui vivent actuellement, et qui auront été d'ici là précieusement

---

1. Cf. Geneviève Delaisi de Parseval et Alain Janaud, *L'Enfant à tout prix, op. cit.,* p. 140.

conservés dans de petits pots. On a coupé dans cette occasion quelque chose au père, et de la façon la plus radicale – et aussi la parole. La question est alors de savoir comment, par quelle voie, sous quel mode, s'inscrira dans le psychisme de l'enfant la parole de l'ancêtre, dont la mère sera le seul représentant et le seul véhicule. Comment fera-t-elle parler l'ancêtre mis en boîte[1] ? »

C'est en 1972 que fut créé en France le Centre d'étude et de conservation du sperme humain (CECOS). Intégré à l'Assistance publique, il eut pour mission de recueillir des dons anonymes et gratuits afin de les conserver sous forme de *paillettes*[2] et de les redistribuer à des couples stériles. L'adoption du double principe de la gratuité et de l'anonymat reposait, d'une part, sur l'idée que les substances issues du corps humain ne peuvent en aucun cas être commercialisées et, de l'autre, sur le fait qu'une insémination doit imiter la reproduction sexuée. Outre l'évitement de toute forme de maladie

---

1. Jacques Lacan, *Le Séminaire,* livre IV : *La Relation d'objet* (1956-1957), Paris, Seuil, 1994, p. 375-376. Ce scénario est pensable, mais impossible à réaliser à ce jour puisque le sperme ne se conserve pas plus de dix ans. Quant à l'insémination *post mortem*, qui repose tantôt sur la volonté du donneur, tantôt sur celle de la veuve qui réclame alors l'extraction du sperme par électro-éjaculation, elle est officiellement interdite en Europe et aux États-Unis. Cependant, rien n'empêche qu'elle puisse être réalisée de façon clandestine. Cf. Jacqueline Flauss-Diem, « Insémination *post mortem*. Droit anglais et droit communautaire », in *Liber amicorum Marie-Thérèse Meulders-Klein. Droit comparé des personnes et de la famille,* Bruxelles, Bruylant, 1998, p. 217-230.

2. Doses de sperme conservées dans des bidons d'azote liquide.

génétique transmissible, ou de toute incompatibilité entre les groupes sanguins, il fallait aussi respecter la loi de non-consanguinité en s'arrangeant pour que le sperme d'un seul donneur ne serve pas à des fécondations multiples. Mais surtout, le nouveau geste procréatif reposait sur une dissimulation de l'origine biologique de l'enfant, afin que jamais celui-ci ne puisse savoir comment il avait été conçu. En conséquence, le receveur des paillettes devait ressembler au donneur : même taille, même corpulence, même couleur d'yeux, même origine « ethnique », etc. Quant au donneur, il n'était point une personne mais un producteur de substances. Aussi n'eut-il jamais aucune reconnaissance légale[1].

Tout se passait donc comme si l'on mélangeait un ordre procréatif fondé sur une nécessité biologique et un ordre social imitant la nature au point de la singer : « L'AMP, écrit Marcela Iacub, est un dispositif qui se détruit une fois qu'il a été consommé, qui s'abolit lui-même, qui n'existe que pour faire disparaître toute trace de son passage[2]. » Autrement dit, l'IAD serait l'équivalent d'un « crime sexuel parfait » puisqu'elle parviendrait à effacer de la mémoire des hommes les traces de son « forfait ».

De cette fusion entre deux ordres provenait l'idée que le donneur devait être socialement et psychiquement « normal ». Les médecins savaient bien que la

---

1. Agnès Fine, « Vers une reconnaissance de la pluriparentalité ? », *Esprit,* mars-avril 2000, p. 40-53.
2. Marcela Iacub, *Le crime était presque sexuel. Et autres essais de casuistique juridique*, Paris, EPEL, 2002, p. 154.

semence ne transmet pas de telles caractéristiques. Pourtant, ils préférèrent choisir des donneurs parmi les pères de famille en apparence les mieux intégrés et les plus soucieux du bien-être de leurs enfants. Quant à l'IAD elle-même, elle fut réservée à des couples mariés (ou concubins) et reconnus incapables de procréer par les voies naturelles. Sept mille enfants furent mis au monde en France dans ces conditions entre 1972 et 1992, et plus encore après cette date. Ils ne sont ni pires ni meilleurs que d'autres, et ils apportent sans aucun doute un bonheur inespéré à des couples autrefois en souffrance.

Dans d'autres pays d'Europe, les banques de sperme se développèrent dans un cadre privé et avec un objectif de rentabilité. D'où un élargissement de la sélection aux femmes célibataires et aux lesbiennes, mais aussi, de façon perverse, à des donneurs salariés choisis parfois selon des critères aberrants. Aux États-Unis notamment, au moment même où se multipliaient les travaux universitaires sur le sexe et le genre[1], on mit à la disposition des demandeurs des catalogues contenant des listes de paillettes sélectionnées selon la religion du donneur – juif, catholique, protestant –, selon sa profession, sa catégorie sociale, son identité sexuée, ou encore son « niveau intellectuel ». C'est ainsi que l'on imagina le plus sérieusement du monde de commercialiser la semence des savants et hommes de lettres qui avaient reçu le prix Nobel.

Certains de ces projets relevaient d'un fantasme

---

1. Sur cette question, on se reportera au chapitre précédent.

d'éternité ou d'eugénisme incestueux, comme l'insémination *post mortem* ou le don de sperme entre père et fils, ou entre frères et cousins. Dans les deux cas, il s'agissait de conserver un idéal imaginaire lié, d'un côté, à l'identité d'un mort dont on ne parvenait pas à faire le deuil, et, de l'autre, à la transmission d'une « bonne » semence, jugée d'autant moins dangereuse pour la descendance qu'elle ne provenait pas d'un corps étranger. Toutes ces « sélections » relevaient d'un rêve d'engendrement de soi où se mêlaient le pouvoir de la science et la culture du narcissisme des années 1970.

Aux États-Unis, de six à dix mille enfants ont été mis au monde chaque année depuis qu'a été mise en œuvre la technique de la procréation médicale assistée. Ils ressemblent à s'y méprendre aux autres enfants et rien ne permet de dire qu'ils sont pires ou meilleurs. Les techniques changent comme les coutumes, les mœurs et les cultures, mais l'amour, la passion, le désir, la folie, la mort, l'angoisse, le crime sont immuables.

Certaines manipulations procréatives, auxquelles sans doute certains se livrèrent secrètement, à partir de 1970, débouchèrent sur de véritables désastres psychiques, dont nul n'est en mesure de connaître l'ampleur. Aucune « expertise », on le sait, n'est encore parvenue à expliquer le réel d'une condition humaine ainsi détruite. Car seul un sujet parlant est en mesure de témoigner de la tragédie de son existence. Et sans doute ce privilège de la pensée réflexive, reçu en héritage par la psychanalyse, est-il le seul que l'homme moderne puisse aujourd'hui revendiquer dans un monde désormais débordé par le vertige de sa propre puissance.

A partir de 1985, on assista à une médicalisation encore plus complète des procréations assistées. Toutes les combinaisons devinrent, sinon possibles, du moins pensables. Au développement de l'IAD et de la fécondation *in vitro* s'ajouta celui du don d'ovules et de la fabrication d'embryons[1]. Plus le père était *certus* – et il l'était de plus en plus à mesure que se légalisait la recherche des traces génétiques –, et plus la mère devenait *incerta*. L'ordre procréatif fut alors entièrement dévolu à la puissance des mères, détentrices aujourd'hui du pouvoir exorbitant, tantôt de désigner le père, tantôt de l'exclure[2].

Aujourd'hui, en effet, une femme peut fort bien « dérober » la semence d'un homme au cours d'un acte sexuel sans que celui-ci ait le moindre droit sur l'enfant ainsi conçu à son insu. Mais inversement, la même femme peut accomplir le même acte pour réclamer à l'homme qui s'y refuse une reconnaissance de paternité assortie d'indemnités financières. De leur côté, les hommes ne peuvent éviter de telles situations qu'en utilisant un préservatif, mais la défaillance éventuelle de celui-ci ne pourra jamais être réparée, puisque la décision d'avorter n'appartient qu'aux femmes. Ceci

---

1. On estime à moins de 20 % le taux de réussite de ces tentatives, qui peuvent parfois prendre des années.
2. On pourra lire avec intérêt les pages consacrées par Marcela Iacub à ce pouvoir juridico-biologique des mères contemporaines. Cf. *Le crime était presque sexuel, op. cit.,* chap. xv : « La loi du ventre ». Il faut préciser que cette puissance du maternel ne met pas fin à l'inégalité sociale entre les hommes et les femmes. La science privilégie le droit des mères au sein de la famille (quelle que soit sa forme) plus que celui des femmes dans la société.

explique pourquoi certains hommes, terrifiés par ce danger, ont recours, en Allemagne notamment, à une solution aberrante : la stérilisation de leur pouvoir d'engendrement. Ils peuvent accompagner ce geste d'un dépôt préalable de leur semence dans une banque en vue d'une utilisation procréative ultérieure[1].

Quant à la science médicale, elle est aujourd'hui capable d'inséminer une femme avec la semence d'un homme dont l'épouse est stérile. La femme prête son utérus pendant le temps de l'insémination et de la grossesse. A la naissance, l'épouse, c'est-à-dire la mère dite « sociale », adopte légalement l'enfant avec son mari en faisant disparaître les traces de sa conception.

Mais un autre scénario est réalisable. Il consiste à associer « trois mères » – deux biologiques et une sociale – à un seul geste procréatif. La première « mère » donne un ovocyte, aussitôt fécondé par le sperme du mari ou, à défaut, par celui d'un donneur anonyme. L'œuf est alors réimplanté dans l'utérus d'une deuxième « mère » qui porte l'enfant pendant neuf mois pour ensuite le restituer, à sa naissance, à une troisième « mère », l'épouse du mari, laquelle se chargera de l'élever. Juridiquement, la véritable mère est alors la troisième : elle adopte l'enfant dont elle a commandé la fabrication à la médecine. Libre à elle de faire disparaître les traces de la fécondation[2].

---

1. En France, ces pratiques sont interdites. Cf. Marcela Iacub, « Reproduction et division juridique des sexes », *Les Temps modernes,* 609, juillet-août 2000.

2. Toutes ces maternités de substitution sont interdites en France, ainsi que toutes les formes de manipulation visant à transgresser la prohibition de la consanguinité.

Les histoires de mères porteuses sont différentes de celles des pères donneurs de semence, car, comme le souligne Geneviève Delaisi, le père biologique ne fait aucune expérience concrète de la paternité. Au contraire, la mère d'emprunt porte un fœtus réel, participant ainsi, dans son corps, à la conception de l'enfant. D'où une multitude de conflits possibles[1].

En janvier 2001, confrontée à toutes ces extravagances, Lori Andrews, juriste et spécialiste américaine de la bioéthique, dénonça le principe des collectes de semence : « On peut collecter le sperme d'un homme dans le coma de la même façon que pour un paraplégique, par le biais d'une technique d'électroéjaculation [...]. En Californie, un homme a rédigé son testament, donné son sperme à son amie, choisi un nom pour l'enfant auquel il a laissé une lettre, fait congeler les échantillons, le tout avant de se suicider. Un enfant du premier mariage a intenté une action en justice pour empêcher cette grossesse. La question s'est alors posée de savoir si le sperme devait être considéré comme faisant partie de la succession et si, dans ce cas, l'amie étant l'héritière de 20 % de la succession, elle pouvait obtenir 20 % du sperme. En appel, le sperme a finalement été attribué à la femme[2]. »

En juin de la même année, l'histoire de Jeanine Salomone, originaire de Draguignan, défraya la chronique. A l'âge de soixante-deux ans, et après vingt ans

---

1. Geneviève Delaisi de Parseval et Alain Janaud, *L'Enfant à tout prix, op. cit.,* p. 119.

2. Paru dans *Courrier international,* 529-530, 21 décembre 2000 au 3 janvier 2001, p. 52.

d'expériences infructueuses, elle mit au monde un garçon, Benoît-David, conçu à partir d'ovules commercialisées et de la semence de son propre frère, Robert, aveugle et paraplégique à la suite d'une tentative de suicide par balle. Elle avait présenté celui-ci comme son époux, et le médecin californien, réalisateur de l'exploit, ne s'était posé aucune question sur l'étrange apparence du couple. En outre, comme la procréation avait généré un embryon surnuméraire, il le réimplanta dans l'utérus d'une mère porteuse rémunérée, laquelle donna naissance à Marie-Cécile, née trois semaines après Benoît-David.

Adoptés par Jeanine, les deux enfants étaient donc à la fois frères, demi-frères et cousins, et en aucun cas ils ne pouvaient devenir légalement le fils et la fille d'un couple incestueux. Ils n'étaient donc, pour l'état civil, que les enfants d'une mère célibataire et d'un père inconnu. Toutes les règles françaises de la procréation artificielle avaient été bafouées, au même titre d'ailleurs que certains grands interdits fondamentaux des sociétés humaines. Et pourtant, Jeanine Salomone se déclarait « normale » et hostile à toute « sacralisation judéo-chrétienne du mystère de la vie et de la naissance ». Au nom de cette « normalité », avalisée par la science médicale, elle fustigeait les adoptions d'enfants par les homosexuels et se disait attachée aux idéaux d'une conservation eugéniste de la « race humaine ».

En tout cas, aucune poursuite ne pouvait être engagée contre elle par la justice ; il eût fallu pour cela que les enfants fussent en danger du fait d'un comportement parental asocial : « Ces enfants, nous les avons désirés à trois, déclara Jeanine ; ma mère, mon frère et moi. Leur naissance est notre renaissance. J'ai un esprit sain dans un corps sain [...]. Qui sont-ils ces gens qui nous critiquent ? Avec qui j'aurais dû faire ça ? Avec le premier venu ? Non. La seule possibilité que ce soit un enfant de la famille, c'était de faire appel à mon frère. Je voulais un enfant issu de notre sang. C'est viscéral. Est-il plus convenable de laisser deux homosexuels adopter un enfant ? Laisser deux jeunes drogués atteints du sida procréer malgré leur santé ? [...] Nous avons recréé la famille traditionnelle où règnent quiétude et douceur, et, comme je n'apprécie pas les méthodes actuelles d'enseignement, j'ai l'intention d'apprendre à mes enfants à lire et à écrire [...]. Un seul souci me taraude, qu'ils aient un jour honte de moi [...]. J'espère pourtant qu'ils considéreront leur conception comme une normalité un peu plus extraordinaire qu'une autre [...]. Et pourquoi pas, l'an prochain, un autre enfant ? Je n'aurai après tout que soixante-trois ans ! Et c'est si beau un bébé[1]. »

L'idée selon laquelle la procréation médicale doit imiter la fécondation naturelle avait pour origine le principe juridique de la paternité adoptive. Privilégiée par le droit romain, celle-ci avait été rejetée par le christianisme[2]. Le droit canonique ancien ne reconnaissait en

---

1. Jeanine Salomone et Isabelle Léouffre, *Je l'ai tant voulu. Maman à 62 ans,* Paris, J.-C. Lattès, 2002. Cf. également *Libération,* article de Michel Henry du 29 avril 2002.
2. Cf. Marie-Christine Le Boursicot, « De la filiation vraisemblable à la filiation impossible », *in* Martine Gross (éd.), *Homoparentalités, état des lieux,* Paris, ESF éditeur, 2000, p. 21-27 ;

effet que la filiation légitime issue du mariage, et tout engendrement qui lui était extérieur relevait du péché d'adultère. La faute du père – ou de la mère – retombait sur l'enfant : « Les pères ont mangé des raisins verts et les dents de leurs fils en ont été agacées. »

Quand la Révolution proclama les droits de l'homme et du citoyen, la paternité adoptive retrouva ses lettres de noblesse. Et puisque tous les hommes naissaient égaux en droit, la nation se devait de ne plus exclure les bâtards et de ne plus sanctionner les fautes des pères en discriminant les fils. Mais tout en reconduisant l'idée romaine de l'adoption, le nouvel ordre procréatif posa le principe selon lequel une filiation adoptive doit imiter avec exactitude la filiation biologique. Aussi fallait-il faire disparaître la filiation initiale de l'enfant adopté pour qu'il devienne, réellement, l'enfant biologique de ses parents adoptifs. Cette innovation devait aussi permettre aux géniteurs coupables d'adultère de reconnaître leurs bâtards, et aux orphelins de guerre d'être réintégrés dans de nouvelles familles. Et quand la Convention adopta, par un décret-loi du 28 juin 1793, le principe de l'accouchement secret avec prise en charge de la mère par l'État, elle songeait déjà à la possible reconstruction des familles stériles[1]. L'idée de

---

Jacques Mulliez, « La désignation du père », *op. cit.,* p. 43-73 ; et Michel Tort, *Le Désir froid. Procréation artificielle et crise des repères symboliques,* Paris, La Découverte, 1992.

1. A l'exception de l'accouchement secret, qui deviendra l'accouchement sous X et sera maintes fois renforcé entre 1941 et 1993, la législation sur l'adoption est à peu près la même dans tous les pays occidentaux. Il s'agit toujours de faire disparaître la filiation initiale de l'adopté et de lui substituer une filiation conforme en droit à

l'anonymat, qui sera reprise deux siècles plus tard, au moment de la mise en œuvre de la procréation assistée, reposait donc sur un généreux projet égalitaire, au même titre que la filiation substitutive.

En un premier temps, le Code civil de 1804 autorisa l'adoption des enfants majeurs par des personnes mariées sans descendance, âgées de cinquante ans au moins et ayant quinze ans de plus que les futurs adoptés. A ce stade, les liens avec la famille d'origine n'étaient pas rompus. En 1923, à la suite de la grande hécatombe guerrière qu'avait subie l'Europe, l'adoption des enfants mineurs devint possible. En 1939, un décret-loi fut voté qui autorisait une rupture radicale entre la famille d'origine et la famille d'adoption. L'enfant adopté obtint alors le même statut que l'enfant légitime et, en 1966, par application du principe de l'adoption dite « plénière », il fut considéré, davantage encore, comme le fruit d'une filiation biologique. Trente ans plus tard, la Convention de La Haye rendit possible l'adoption d'un enfant par une personne seule.

Vers la fin des années 1970, au moment où se réalisait le grand rêve des hommes des Lumières, la société civile commença à apporter un terrible démenti à ce système qui ne convenait déjà plus aux aspirations des acteurs de la nouvelle « pluriparentalité ». Car le principe de l'anonymat et de l'effacement de l'origine n'était guère conforme à une évolution de la famille caractérisée par les recompositions multiples. Et c'est

---

la filiation dite « naturelle ». Cf. Geneviève Delaisi de Parseval et Pierre Verdier, *Enfant de personne, op. cit.* ; et Agnès Fine, « Vers une reconnaissance de la pluriparentalité ? », *op. cit.*

dans le monde anglophone, et notamment aux États-Unis et au Canada, pays puritains attachés à l'idée de transparence, que l'on favorisa, aussi bien pour les inséminations que pour les adoptions, le libre accès de l'individu à une information sur ses origines.

Le privilège accordé à la notion de filiation substitutive – père adoptif ou receveur de gamètes – fut donc d'autant plus critiqué qu'il reposait sur un mensonge jugé dévastateur pour l'enfant et pour son entourage : « L'*open adoption,* écrit Agnès Fine, signifie que l'on favorise l'interconnaissance entre les géniteurs et les parents adoptifs, sous les formes les plus variées, lesquelles vont de la simple connaissance de leur identité respective à la fréquentation régulière (avec droit de visite reconnu), le contrat étant négocié avec les partenaires[1]. »

En France, au contraire, la législation ne cessa de renforcer le principe de l'anonymat des donneurs et de la filiation substitutive. En 1994, lors du vote des trois lois sur la bioéthique[2], le donneur fut reconduit dans son statut d'inexistence. Quant aux maternités de substitution, elles furent interdites, et surtout mora-

---

1. Agnès Fine, « Vers une reconnaissance de la pluriparentalité ? », *op. cit.*, p. 50.
2. Loi n° 94-653 du 29 juillet 1994 sur le respect du corps humain ; loi n° 94-654 du 29 juillet 1994 sur le don et l'utilisation des produits du corps humain, sur la procréation médicale assistée et sur le diagnostic prénatal. Notons pourtant que la loi du 17 juillet 1978 reconnaît à tout citoyen le droit de savoir ce que l'administration sait de lui, et donc d'avoir accès aux documents administratifs qui le concernent, sauf si les informations sont préjudiciables à la vie privée d'un tiers.

lement condamnées dans la plupart des pays latins, attachés à la protection de la vie privée. Elles suscitèrent une réprobation d'autant plus forte que l'on craignait qu'elles n'ouvrissent la voie à des pratiques monstrueuses. Cette année-là, d'ailleurs, un gynécologue italien, Severino Antinori, se rendit célèbre en recourant à toutes ces techniques pour que des femmes ménopausées puissent devenir mères. Il sera le premier, avec Claude Vorilhon, gourou de la secte Raël, à préconiser des expériences de clonage reproductif : « Je confirme, devait-il déclarer en 2002, que trois femmes sont aujourd'hui enceintes, deux en Russie et la troisième dans un autre pays, après implantation *in utero* d'embryons humains à partir de la technique du transfert nucléaire, et que les naissances devraient survenir en décembre 2002 ou en janvier 2003[1]. »

« Pendant longtemps, soulignait François Jacob en 1997, on a essayé d'avoir du plaisir sans enfant. Avec la fécondation *in vitro,* on a eu des enfants sans plaisir. Et maintenant, on arrive à faire des enfants sans plaisir ni spermatozoïde ! Peut-être aura-t-on la paix dans le monde[2] ? » Ce commentaire acide illustre parfaitement comment fut reçue par l'opinion publique la grande affaire familialiste de la fin du siècle.

L'hypothèse du clonage reproductif[3] remontait à

---

1. *Le Monde*, 25 mai 2002, propos recueillis par Jean-Yves Nau.

2. *Le Figaro*, 27 février 1997.

3. Le clonage humain reproductif est une technique permettant de créer des embryons pour les réimplanter dans un utérus et donner naissance à un bébé génétiquement identique à un individu déjà né.

1950, mais ce n'est que quarante-sept ans plus tard que Ian Wilmut, chercheur de l'institut Roslin d'Édimbourg, annonça la naissance de l'agnelle Dolly, issue de la fusion d'un ovocyte énucléé et de la cellule d'un animal adulte. Père de trois enfants, dont un adopté, Wilmut créa ensuite Polly, brebis transgénique clonée, capable de produire une protéine humaine dans son lait. Il espérait ainsi transformer des animaux en « usines » à produire des molécules à usage thérapeutique. Comme la quasi-totalité des hommes de science de son époque, il se déclara hostile au clonage reproductif des humains.

La nouveauté était de taille puisque, pour la première fois, on reproduisait par transfert nucléaire un patrimoine génétique identique à celui qui était contenu dans le noyau de la cellule implantée dans l'ovocyte énucléé. L'organisation génétique de cet animal né par clonage n'était pas le fruit du hasard mais d'une réplication à l'identique. On comprend la frayeur suscitée par cette expérience théoriquement applicable à l'être humain.

Allions-nous être dévorés par des clones ? Les savants fous des romans de science-fiction étaient-ils sur le point d'arriver à leurs fins comme les sinistres

---

Le clonage non reproductif consiste à fabriquer des embryons pour utiliser certaines de leurs cellules à des fins thérapeutiques et traiter des maladies comme le diabète ou l'alzheimer sans risque de rejet. Voir à ce sujet Henri Atlan, Marc Augé, Mireille Delmas-Marty, Roger-Pol Droit et Nadine Fresco, *Le Clonage humain,* Paris, Seuil, 1999. En août 2000, le gouvernement britannique a donné un avis favorable au clonage non reproductif.

spécialistes de l'eugénisme nazi ? L'angoisse était à la mesure de la fascination qu'exerçait sur les esprits cette ultime variante du grand mythe de Narcisse.

Nul ne songea pourtant à autoriser le clonage reproductif. De toutes parts on cria au diable, et l'on parla de « crime contre l'humanité » ou de « métastase cancéreuse », alors même que tous les pays concernés par ce type de recherches prenaient des dispositions juridiques pour interdire ces pratiques[1]. L'argument invoqué par les plus raisonnables était que si un être humain naissait de cette façon, son existence serait vouée à l'infamie du fait même qu'il saurait qu'il est un clone[2] et que, pour cette raison, il se regarderait comme un « sous-homme ». Or, disait-on, le propre de l'homme, c'est au moins de se savoir, en théorie, l'égal d'un autre homme.

Au cœur de cette tempête, on négligea de critiquer l'attitude de ceux qui brandissaient la hantise du danger invasif. On oublia de dire que si l'enveloppe génétique signe l'appartenance de tout individu à une

---

1. Je pense pour ma part, comme bien d'autres, qu'il faut autoriser, sous certaines conditions, le clonage thérapeutique – à condition d'en définir strictement les modalités d'application – et interdire, dans l'état actuel de nos connaissances, le clonage reproductif. Sur cette question, Bernard Kouchner, alors ministre de la Santé, a pris nettement position : « En matière de clonage, j'accompagne ce que je considère comme étant le vrai progrès scientifique et médical, c'est-à-dire le clonage thérapeutique. » (*Le Monde*, 25 mai 2002.) Cf. également la position prise par Jacques Derrida dans Élisabeth Roudinesco et Jacques Derrida, *De quoi demain... Dialogue,* Paris, Fayard, 2001.

2. Ce fut l'avis rendu le 22 avril 1997 par le Comité consultatif national d'éthique (CCNE), créé en 1986.

espèce, aucun individu ne se réduit jamais à cette enveloppe. Et dès lors qu'il est mis au monde, il devient unique, puisque son être, sa conception, son histoire, sa généalogie, sa subjectivité s'inscrivent dans une durée existentielle, dans un environnement, dans un psychisme[1].

La civilisation la plus raffinée du siècle avait mis au point les moyens techniques les plus redoutables pour la détruire. Elle avait inventé Auschwitz et Hiroshima, puis elle avait plongé dans le désastre économique des millions d'êtres humains au nom d'une formidable promesse de bonheur. Et voilà que maintenant elle inventait le clone. Elle condamna alors à une inexistence légale l'enfant fantasmatique de ses rêves d'auto-engendrement. Cela n'empêcha pas le Congrès américain, à la surprise générale, d'accepter de consulter le gourou de la secte Raël pour qu'il donnât son avis sur cette question.

Expulsé de France, cet homme présenta au Congrès un programme de clonage digne des savants les plus maniaques de la littérature fantastique. Il avait réuni, disait-il, cinquante femmes disposées à recevoir un « œuf » reproduit cinquante fois à l'identique et il prétendait, grâce à elles, pouvoir « dupliquer » un enfant mort à l'âge de dix ans et que ses parents espéraient ressusciter[2].

---

1. Quelques-uns toutefois rappelèrent cette évidence, notamment Alain Prochiantz (*Libération*, 22 avril 1997) et Henri Atlan, *Le Clonage humain, op. cit.* Cf. également Marcela Iacub, *Le crime était presque sexuel, op. cit.*

2. L'audition de Claude Vorilhon eut lieu en mars 2001.

Le débat sur le clonage reproductif fut l'occasion de revenir, une fois encore, sur la nécessité pour tout être humain de connaître ses origines. Car les avis rendus sur le fait que tout clone, s'il venait à exister, saurait forcément qu'il est un clone invalidaient les habitudes – françaises notamment – qui consistaient à assimiler la filiation adoptive à une filiation biologique. Comment pourrait-on exiger pour le clone une transparence que l'on refusait à l'enfant adopté ou conçu par l'IAD ? Et comme, au même moment, les parents gays et lesbiens qui adoptaient des enfants faisaient éclater le grand rite de la dissimulation, la question fut à nouveau soulevée du bien-fondé de l'accouchement sous X et de l'anonymat du donneur.

Depuis longtemps, sous l'impulsion de la psychanalyse, qui stipulait que nul n'échappe à un destin inscrit dans l'inconscient, les partisans de la transparence recommandaient aux parents adoptifs de dire la vérité. Mais les adversaires de ce principe récusaient toute référence à une métaphysique de l'origine vraie, soulignant qu'une existence se construit dans le présent et que nul n'est obligé d'obéir à la loi d'un prétendu « retour du refoulé ». De fait, chacun des deux camps défendait une conception différente de la famille.

Les premiers privilégiaient les vertus d'une éthique de la vérité issue de la tragédie grecque et relayée par le geste freudien, tandis que les seconds professaient une sorte d'utilitarisme postmoderne fondé sur le souci d'une construction identitaire : « L'IAD nous vaut une nouvelle famille, souligna par exemple François Dagognet, qui se caractérise par le fait qu'elle échappe à la naturalité : c'est l'échec de la filiation. Le père de l'enfant tiendra un autre rôle, non plus celui du père génétique mais celui d'un père nourricier et surtout éducatif. Le couple a pu vaincre ce qui le ruinait : l'impossibilité de se perpétuer. Chacun devine qu'il en résulte de nombreuses difficultés. Faudra-t-il révéler à cet enfant ses origines ? Nous n'y sommes pas favorables. Certains le demandent. Notre refus vient de ce que nous tenons à protéger la famille contre tout ce qui la déstabilise (inutilement), car le fils ou la fille informés quitteront – au moins en esprit – ceux qui les ont élevés. La vérité ? Ne faut-il pas, selon la formule connue, avantager le mensonge qui permet la vie, plutôt que cette vérité qui tue[1] ? »

Les questions concrètes se multiplièrent. Fallait-il révéler ses origines à un enfant adopté lorsqu'il était le fruit d'un viol, d'un inceste ou d'une manipulation procréative délirante ? Fallait-il tout dire, tout enregistrer, au risque de voir fuir les donneurs anonymes ou d'interdire aux femmes toute forme d'abandon définitif ? Pouvait-on se contenter de donner quelques pistes à ceux qui souhaiteraient retrouver un jour leurs géniteurs ? Fallait-il, plus simplement, faire confiance à la parole de vérité et se défier de la dissimulation ? Contrairement à François Dagognet, je me range parmi les partisans de l'accès à la vérité de l'origine, en pleine conscience des risques que recèle un tel choix[2].

---

1. François Dagognet, « La famille sans la nature : une politique de la morale contre le moralisme », in *Au-delà du pacs, op. cit.,* p. 81-82.

2. Le 12 janvier 2002, a été créé en France un Conseil national

Détachée de l'institution du mariage et livrée par la science à la puissance des mères, la famille de la fin du XIXe siècle était horizontale et fraternelle. Lieu de refuge contre les angoisses, elle apportait aux hommes et aux femmes les bénéfices d'une altérité librement consentie qui reposait sur une image de plus en plus troublée de l'ordre symbolique. On parla alors des « nouveaux pères », plus heureux, disait-on, de porter leur enfant contre le corps que de le lever à bout de bras, selon le rite ancestral de la désignation nominative[1].

Les hommes tenaient ainsi un rôle « maternant » au moment même où les femmes n'étaient plus contraintes d'être des mères parce qu'elles avaient acquis la maîtrise de la procréation. Le modèle familial issu de ce renversement devint, dès lors, accessible à ceux qui en étaient exclus : les homosexuels.

---

d'accès aux origines personnelles, ayant pour mission de préserver les intérêts des parents adoptifs et de recueillir des informations sur les origines des enfants adoptés sans pour autant mettre fin au principe de l'accouchement sous X.

1. Le geste de l'enfant tenu à bout de bras par le père a toujours été perçu dans l'iconographie antique et chrétienne comme le triomphe de la volonté sur la nature. Cf. Michel Ménard, « Le miroir brisé », in *Histoire des pères et de la paternité, op. cit.*, p. 362.

8

La famille à venir

Quand les gays et lesbiennes de la côte californienne voulurent, à partir de 1965-1970, devenir parents, ils inventèrent une *culture* de la famille qui n'était, à bien des égards, que la perpétuation du modèle qu'ils avaient contesté et qui, lui-même, était déjà en pleine mutation. Et c'est bien parce que cette culture portait en elle un grand désir de normativité qu'elle fut accueillie comme la pire des blessures infligée à l'ordre symbolique.

Pendant quelques années, ces expériences demeurèrent peu nombreuses, mais, à partir de 1975, elles se multiplièrent au fur et à mesure que la lutte en faveur de la dépénalisation de l'homosexualité[1] prenait place au

---

1. Homosexualité : terme dérivé du grec (*homos* = semblable) et créé en 1869 par le médecin hongrois Karoli Maria Kertbeny pour désigner, selon une terminologie clinique, toutes les formes d'amour charnel entre des personnes du même sexe. Il s'est imposé dans toutes les sociétés occidentales, entre 1870 et 1970, par opposition au terme « hétérosexualité », forgé en 1888.

sein d'un vaste mouvement d'émancipation des Noirs et des minorités « ethniques ».

Ne pouvant dissimuler à leurs enfants les conditions biologiques de leur engendrement, les parents homosexuels, par leur existence même, incitaient à ouvrir le débat sur la question des origines. Cependant, et même si la famille était en train de se modifier, ils transgressaient un ordre procréatif qui avait reposé depuis deux mille ans sur le principe du *logos* séparateur et de la différence sexuelle. Car l'institution familiale ne pouvait guère, à cette époque, échapper à son principe fondateur : l'accouplement charnel entre un homme et une femme. A cet égard, l'invention de la famille dite « homoparentale[1] » risquait de raviver la grande terreur d'un possible effacement de la différence sexuelle qui, on s'en souvient, avait surgi à la fin du XIXe siècle

---

1. Le terme « homoparentalité » a été forgé en France en 1996 par l'Association des parents et futurs parents gays et lesbiens (APGL). Jamais il n'a été utilisé dans le monde anglophone – et notamment aux États-Unis –, où l'on préfère parler de *lesbian and gay families* ou de *lesbian and gay parenthood*. Cela tient au fait que les homosexuels américains récusent toute dénomination d'origine psychiatrique et lui préfèrent un vocabulaire plus joyeux, centré sur le genre. D'où l'invention du terme *gay* (pour les hommes), et la reprise du mot *lesbian* (pour les femmes) en référence à Sappho, la poétesse grecque de l'île de Lesbos. Le terme « homoparentalité » a été critiqué, à juste titre, par Irène Théry dans la mesure où il met en avant la sexualité du parent, qui, en principe, n'a pas à être prise en compte dans la filiation. Cf. Irène Théry, « Différences des sexes, homosexualités et filiation », in *Homoparentalités, état des lieux, op. cit.* ; et Didier Le Gall, « Recompositions homoparentales féminines », in *Id.* et Yamina Bettahar, *La Pluriparentalité,* Paris, PUF, 2001.

au moment du déclin de l'ancienne autorité patriarcale. Et même si de nombreux ethnologues, mus par un incontestable élan de générosité, eurent à cœur, pendant des années, de brandir pour l'exemple les quelques cas de sociétés lointaines où l'on mariait des femmes avec des femmes et des hommes avec des hommes, cela ne fit qu'accroître la terrible condamnation morale qui pesait sur ce type d'expériences.

Persécutés depuis des siècles, traités de parias, d'invertis, d'uraniens, de sodomites, de bougres, d'homophiles, de pédérastes ou encore – pour les femmes – de tribades, de bougresses ou de fricatrices[1], les homosexuels avaient toujours eu la possibilité de fonder une famille à condition de séparer les pratiques sexuelles liées à leur inclination des actes sexuels nécessaires à la reproduction. Cela contribuait à faire passer l'homosexualité pour la manifestation d'un désir nécessairement « pervers ». Et c'est pourquoi le scandale de cette nouvelle parentalité résidait moins dans le fait qu'un homosexuel puisse avoir des enfants avec une personne d'un autre sexe, que dans le refus exprimé par des homosexuels de se plier aux règles de la procréation naturelle. Qu'un homme ne veuille plus d'un acte charnel avec une femme pour engendrer, et qu'une femme ne désire plus d'un homme que sa semence pour procréer, là était la transgression[2]. Car les nouveaux parents gays et lesbiens ne prétendaient pas mettre en

---

1. Cf. Florence Tamagne, *Mauvais genre ? Une histoire des représentations de l'homosexualité,* Paris, La Martinière, 2001.

2. Ce nouveau mode de parentalité fut d'abord l'affaire des femmes.

cause les deux grands interdits fondateurs des lois de la parenté : prohibition de l'inceste, interdit du trouble des générations.

Freud n'ignora jamais le rôle joué par la tradition judéo-chrétienne dans la longue histoire des persécutions physiques et morales infligées pendant des siècles à ceux que l'on accusait de transgresser les lois de la famille. Il souligna bien souvent que les grands créateurs étaient homosexuels, et il fut toujours sensible à la tolérance du monde antique envers la pédérastie, oubliant même que chez les Grecs l'amour des garçons était réprouvé et jugé dangereux pour la cité[1].

En tout cas, il ne rangeait pas l'homosexualité parmi les « tares » ou les « anomalies », et considérait que tout sujet est susceptible de faire ce choix, du fait de l'universalité de la bisexualité psychique. Jamais il n'abandonna l'idée d'une prédisposition naturelle ou biologique, et même s'il changea souvent d'avis sur cette question, il resta convaincu que, pour un homme comme pour une femme, le fait d'être élevé par des femmes, ou par une femme seule, favorisait l'homosexualité.

Freud ne classait donc pas l'homosexualité *en tant que telle* dans la catégorie des pratiques sexuelles perverses (zoophilie, fétichisme, coprophilie, exhibitionnisme, etc.), et distinguait *la* perversion, structure psychique commune aux deux sexes, des actes sexuels pervers pratiqués surtout par les hommes et parfois par les femmes, qu'ils soient ou non homosexuels. Sujet

---

1. Dans son interprétation du mythe d'Œdipe, Freud ne songea jamais à évoquer l'épisode « homosexuel » de Laïos.

tragique, l'homosexuel freudien incarne une sorte d'idéal sublimé de la civilisation : « L'homosexualité, écrit-il en 1935, n'est évidemment pas un avantage, mais il n'y a là rien dont on doive avoir honte, ce n'est ni un vice ni un avilissement, et l'on ne saurait la qualifier de maladie ; nous la considérons comme une variation de la fonction sexuelle provoquée par un arrêt du développement sexuel. Plusieurs individus hautement respectables, des temps anciens et modernes, ont été homosexuels, et parmi eux on trouve quelques-uns des plus grands hommes (Platon, Michel-Ange, Léonard de Vinci, etc.). C'est une grande injustice de persécuter l'homosexualité comme un crime, et c'est aussi une cruauté. Si vous ne me croyez pas, lisez les livres d'Havelock Ellis[1]. » Freud ajoute encore qu'il est vain de vouloir transformer un homosexuel en hétérosexuel.

De son côté, la sexologie inventa un vocabulaire spécifique destiné à hiérarchiser les comportements sexuels « déviants », que l'on classait tantôt parmi les maladies héréditaires, tantôt parmi les crimes et délits.

Au nom de ces théories, plusieurs savants s'attaquèrent alors aux législations répressives, comme en témoignent les actions menées par Magnus Hirschfeld[2]

---

1. Sigmund Freud, *Correspondance, 1873-1939, op. cit.* Cette lettre est adressée à une mère américaine rendue inquiète par l'homosexualité de son fils.
2. Magnus Hirschfeld (1868-1935), psychiatre allemand qui milita en faveur d'une réforme de la législation allemande sur les homosexuels et fut, en 1908, l'un des fondateurs de l'Association psychanalytique de Berlin.

sur le « sexe intermédiaire », par Havelock Ellis sur l'« innéité » naturelle de l'homosexualité, mais aussi par un juriste de Hanovre, Carl Heinrich Ulrichs, qui publia sous le pseudonyme de Numa Numantius une série d'ouvrages dans lesquels il popularisa le terme d'uranisme[1] pour soutenir que l'inversion sexuelle était une anomalie héréditaire proche de la bisexualité et produisant une « âme de femme dans un corps d'homme ». A sa suite, le psychiatre Carl Westphal apporta son soutien à la théorie de l'homosexualité congénitale en inventant l'idée d'un « troisième sexe ». Entre 1898 et 1908 parurent mille publications sur l'homosexualité[2].

Pour les tenants du discours psychiatrique au XXe siècle, l'homosexualité fut toujours désignée comme une inversion sexuelle, c'est-à-dire une anomalie psychique, mentale ou de nature constitutive et, en tout état de cause, comme l'expression d'un trouble de l'identité ou de la personnalité pouvant aller jusqu'à la psychose et conduisant souvent au suicide.

Il fallut attendre les années 1970, puis les travaux des historiens – de Michel Foucault à John Boswell – et les grands mouvements de libération sexuelle, pour que l'homosexualité ne soit plus regardée comme une maladie mais comme une pratique sexuelle à part entière, marquée d'ailleurs par la diversité. On parla

---

1. En référence à Ouranos. Sándor Ferenczi, comme Freud, milita en faveur de l'émancipation des homosexuels.
2. Sur l'histoire de l'homosexualité, on se reportera à l'ouvrage de Didier Éribon, *Réflexions sur la question gay, op. cit.,* qui donne une synthèse de toutes les théories en vigueur et de tous les débats suscités par la construction de l'identité homosexuelle.

alors *des* homosexualités, et non plus de l'homosexualité, pour signifier que celle-ci n'était pas une structure immuable mais une composante multiforme de la sexualité humaine.

En 1974, sous la pression des mouvements gays et lesbiens, l'American Psychiatric Association (APA) décida, après un référendum, de retirer l'homosexualité de la liste des maladies mentales, rebaptisées « désordres mentaux » par le *Manuel diagnostique et statistique des troubles mentaux (DSM)*. L'épisode de cette déclassification rocambolesque fut l'un des grands scandales de l'histoire de la psychiatrie. Il témoignait en tout cas de la validité des critiques adressées depuis tant d'années à une discipline qui tendait à devenir la bonne à tout faire des laboratoires pharmaceutiques. Faute de savoir définir scientifiquement la nature de l'homosexualité, la communauté psychiatrique américaine céda en effet, de façon démagogique, à la pression de l'opinion publique en organisant un vote sur un problème qui ne relevait en rien, chacun le comprendra, d'une décision électorale.

Treize ans plus tard, en 1987, sans la moindre discussion théorique, l'APA fit disparaître le mot « perversion » de la terminologie psychiatrique mondiale pour le remplacer par celui, ridicule, de « paraphilie », qui permet de dissoudre la notion même d'homosexualité[1].

---

1. Sur l'histoire du *DSM*, on se reportera à l'essai de Stuart Kirk et Herb Kutchins, *Aimez-vous le DSM ? Le triomphe de la psychiatrie américaine* (New York, 1992), Le Plessis-Robinson, Synthélabo, Les Empêcheurs de penser en rond, 1998. En France, le retrait

Les disciples et héritiers de Freud se montrèrent, de leur côté, d'une intolérance extrême envers l'homosexualité. A partir de décembre 1921, et pendant un mois, la question divisa les membres du Comité directeur de l'IPA, l'Internationale freudienne. Soutenus par Karl Abraham, les Berlinois refusèrent d'accorder aux homosexuels le droit de devenir psychanalystes. Appuyé par Freud, Otto Rank s'opposa à cette directive : « Nous ne pouvons écarter de telles personnes sans autre raison valable, tout comme nous ne pouvons accepter qu'ils soient poursuivis par la loi. » Il rappela qu'il existait différents types d'homosexualité et que chaque cas particulier devait être examiné. Contre lui, Ernest Jones soutint les Berlinois et proclama qu'aux yeux du monde l'homosexualité « était un crime répugnant : si l'un de nos membres le commettait, il nous attirerait un grave discrédit[1] ».

Au fil des années, et pendant plus de cinquante ans, sous l'influence grandissante des sociétés psychana-

---

de l'homosexualité de la liste des maladies mentales dressée par l'OMS fut annoncé par le ministre de la Santé le 12 juin 1981. Sur les étapes de la dépénalisation de l'homosexualité, on se reportera au livre de Janine Mossuz-Lavau *Les Lois de l'amour, op. cit.* Votée le 28 juillet 1982, après des débats houleux et des injures insoutenables proférées à l'encontre des homosexuels, cette dépénalisation fut l'œuvre de Robert Badinter, qui était parvenu l'année précédente à faire abolir la peine de mort.

1. La décision d'interdire aux homosexuels l'accès à la profession de psychanalyste fut tacitement reconduite, sans jamais devenir une règle écrite dans les statuts de l'IPA, ce qui permit à tous ses partisans d'affirmer qu'elle n'existait pas et qu'elle n'avait donc pas besoin d'être abolie.

lytiques nord-américaines, l'IPA renforça son arsenal répressif tout en confortant les positions de la nosographie psychiatrique. De son côté, Anna Freud joua un rôle majeur dans le détournement des thèses de son père. Soupçonnée elle-même par le milieu psychanalytique d'entretenir une liaison « coupable » avec son amie Dorothy Burlingham, elle milita contre l'accès des homosexuels au statut de didacticien et, du même coup, prôna l'idée, contraire à toute réalité clinique, qu'une cure réussie doit conduire un homosexuel sur la voie de l'hétérosexualité.

Quant aux représentants du courant kleinien, ils considérèrent que l'homosexualité s'expliquait tantôt par une « identification à un pénis sadique », tantôt par un « trouble schizoïde de la personnalité, accompagné ou non d'une manifestation de défense contre une paranoïa excessive ». Jamais aucun kleinien ne s'éleva pour critiquer la discrimination dont les homosexuels étaient victimes. Par la suite, les postkleiniens regardèrent l'homosexualité comme un trouble de nature *borderline*[1], en l'associant à un désordre psychique proche de la psychose.

A une vingtaine d'exceptions près, parmi lesquelles le praticien californien Robert Stoller, spécialiste du transsexualisme, et la clinicienne néo-zélandaise Joyce McDougall, membre de la Société psychanalytique de Paris (SPP), les principaux notables de l'IPA furent donc, pendant des décennies, les artisans de ce qu'on

---

1. État limite entre la psychose et la névrose.

peut considérer comme un déshonneur de la psychanalyse[1].

En 1975, l'Association américaine de psychologie adopta la même position que les psychiatres. Ses représentants conseillèrent à tous les professionnels de la santé mentale de renoncer à leurs préjugés homophobes et de mener des enquêtes de terrain auprès des familles homoparentales. Souffrant de l'ostracisme qui les frappait, les gays et les lesbiennes entrèrent ainsi dans le cercle infernal de l'expertise et de la contre-expertise. Ils voulurent « prouver » qu'ils étaient de bons parents et que leurs enfants adoptés, procréés artificiellement ou issus de familles recomposées se portaient aussi bien que ceux qui étaient élevés dans des familles dites « hétérosexuelles ».

Pour démontrer l'absurdité d'une telle démarche, peut-être faut-il rappeler, à travers quelques cas cliniques, ce que fut parfois l'ordinaire de certaines de ces familles « hétérosexuelles » du demi-siècle, dont les enfants, devenus adultes, fréquentèrent vingt ans plus tard les divans des psychanalystes[2]. Comme le raconte

---

[1]. Cette critique ne vise pas, bien entendu, la masse anonyme des praticiens. Il fallut attendre les aveux publics des psychanalystes homosexuels américains de l'IPA, au congrès de Barcelone de 1997, pour que la situation commence à changer. Cf. Élisabeth Roudinesco, « Psychanalyse et homosexualité... », *op. cit.* En 2002, Daniel Widlöcher s'est engagé à mettre en œuvre dans l'IPA, durant son mandat de président, une politique de non-discrimination envers les homosexuels, ce qui revient à admettre que celle-ci existait. Cf. *Newsletter. IPA*, 10, 2, 2002.

[2]. Rappelons aussi qu'Ida Bauer et tous les grands patients de Freud appartenaient à des familles « hétérosexuelles », apparemment « normales ».

Leonard Shengold, ils avaient pour la plupart subi dans leur enfance ou leur adolescence de terribles violences psychiques ou physiques : « Mon père frappait si fort qu'il nous cassait les os. » « Ma mère mettait de la lessive dans les flocons d'avoine de mon frère retardé mental. » « Ma mère laissait la porte de sa chambre ouverte quand elle ramenait des hommes à la maison pour nous montrer qu'elle couchait avec eux. » « Mon beau-père prenait des bains avec moi et me faisait le sucer jusqu'à ce qu'il éjacule et quand je l'ai dit à ma mère, elle m'a donné une gifle en me traitant de menteur[1]. »

Les aveux rapportés par Shengold en 1989 ne portaient pas seulement sur des abus sexuels. Ils révélaient aussi des tortures morales où la haine côtoyait l'indifférence, comme l'illustre l'histoire de ce jeune homme suicidaire issu d'une richissime famille. Son père, alcoolique et paranoïaque, l'avait toujours traité comme un objet alors qu'il manifestait un amour démesuré pour ses chevaux. Quant à sa mère, elle n'avait jamais cessé de l'humilier alors même qu'elle lui procurait, avec un luxe démesuré, de somptueuses satisfactions matérielles. Le jour où elle sut qu'il avait entrepris une analyse, elle lui offrit pour cadeau d'anniversaire une paire de pistolets ayant appartenu à son propre père.

La scène la plus stupéfiante de ces récits de cas est sans doute celle où un homme d'une trentaine d'années, marié et père de famille, retrouve, au cours d'une brève analyse, le souvenir entièrement refoulé de

---

1. Leonard Shengold, *Meurtre d'âme. Le destin des enfants maltraités* (1989), Paris, Calmann-Lévy, 1998.

l'acte incestueux commis avec sa mère à l'âge de douze ans. La pénétration s'était répétée à plusieurs reprises jusqu'au moment où, pour la première fois, le garçon avait eu une éjaculation. Terrorisée à l'idée d'une possible fécondation, la mère s'était enfuie en poussant des hurlements. Elle avait alors banni à jamais de sa vie la folie sexuelle qui s'était emparée d'elle et dont son fils était devenu la victime. A l'âge adulte, celui-ci ne parvenait pas à se débarrasser d'un nuage noir et menaçant qui flottait dans sa tête et lui interdisait toute réussite affective et professionnelle : « Tel Œdipe, écrit Shengold, il était aveugle à la cause de la "peste" dans sa vie et c'était une vague conscience de ce phénomène qui l'avait conduit en analyse[1]. »

Les procédures utilisées aux États-Unis auprès des parents gays et lesbiens ne cherchaient pas, comme les récits de Shengold, à élucider la généalogie inconsciente des sujets, mais à tester les « aptitudes psychologiques » des homosexuels à être parents, puis à déterminer si leurs enfants étaient susceptibles ou non de devenir homosexuels, dépressifs, et s'ils seraient capables de s'orienter dans le repérage des différences anatomiques. Risquaient-ils, plus que les autres, de souffrir de troubles psychotiques ou d'adopter des comportements asociaux, ou encore d'être plus facilement abusés sexuellement par des adultes du fait que les hommes homosexuels – leurs pères – étaient souvent assimilés à des pédophiles ? Des dizaines d'enquêtes de ce type furent publiées entre 1973 et 1995[2]. Elles apportèrent

---

1. Leonard Shengold, *Meurtre d'âme, op. cit.*
2. On estime aujourd'hui que 10 % des homosexuels américains

peu d'éclairage sur la formidable mutation historique que représentait le fait de ne plus fonder l'ordre familial sur la différence sexuelle, mais elles soulagèrent les angoisses des homosexuels en montrant qu'ils étaient des parents aussi ordinaires que les autres, c'est-à-dire semblables à ceux de ces familles horizontales de la fin du siècle, sans cesse recomposées.

Quand il fonda l'École freudienne de Paris (EFP) en 1964, Lacan, contrairement à ses collègues de l'IPA,

---

et canadiens entrent dans la catégorie des parents gays et lesbiens, soit parce qu'ils vivent avec un compagnon du même sexe après s'être séparés de la mère ou du père de leurs enfants, soit parce qu'ils ont conçu des enfants à l'aide de l'IAD ou de mères porteuses, soit parce qu'ils ont adopté des enfants en tant que célibataires, soit encore parce qu'ils ont eu recours à des inséminations spontanées entre un père et une mère homosexuels, chacun vivant avec un compagnon ou une compagne du même sexe, l'enfant étant alors élevé par quatre personnes. Cela signifie qu'il existe sur le continent américain de 1 à 5 millions de mères lesbiennes, de 1 à 3 millions de pères gays, et de 6 à 14 millions d'enfants élevés par des parents homosexuels. Les premières naissances remontent à 1965, et elles ont connu un *boom* en 1980. Cf. D. Julien, M. Dube et I. Gagnon, « Le développement des parents homosexuels comparé à celui des parents hétérosexuels », *Revue québécoise de psychologie,* 15, vol. III, 1994.

Partout en Europe, l'homoparentalité est en train de devenir un fait social. C'est à Stéphane Nadaud que l'on doit la première enquête française de ce genre, réalisée en 1999 auprès de 190 parents, membres de l'Association des parents et futurs parents gays et lesbiens (APGL). Créée en 1986, l'APGL compte aujourd'hui 1 200 membres qui élèvent environ 200 enfants. Dans son livre *Homoparentalité, une nouvelle chance pour la famille ?* (*op. cit.*), Stéphane Nadaud critique le principe de l'expertise sans pour autant nier son efficacité dans l'adoucissement des angoisses parentales.

donna la possibilité à des homosexuels de devenir psychanalystes[1]. Cependant, à la différence de Freud, il regardait l'homosexualité comme une perversion en soi : non pas une pratique sexuelle perverse mais la manifestation d'un désir pervers, commun aux deux sexes. Quant à la perversion, il en faisait une structure universelle de la personnalité humaine. A ses yeux, l'homosexuel est une sorte de pervers sublime de la civilisation contraint d'endosser l'identité infâme que lui attribue le discours normatif. Aussi ne peut-il en aucun cas accéder à un statut de névrosé ordinaire sans déroger à son être. Plus proche de l'œuvre de Sade et de Bataille que de celle de Freud, la perversion au sens lacanien est analysable mais jamais guérissable, l'amour homosexuel étant, selon lui, l'expression d'une disposition perverse présente dans toutes les formes de relation amoureuse. Quant au désir pervers, il ne se soutient que d'une « captation inépuisable du désir de l'autre[2] ».

Dans cette optique, Lacan compare la place faite à l'homosexualité en Grèce à celle occupée par l'amour courtois dans la société médiévale. L'une et l'autre, dit-il, ont eu une fonction de sublimation consistant à perpétuer l'idéal d'un maître au sein d'une société

---

1. Cette position de Lacan explique pourquoi il y a plus de psychanalystes homosexuels « visibles » dans les sociétés psychanalytiques d'aujourd'hui, issues de l'ancienne EFP, que dans les rangs de celles de l'IPA.

2. Jacques Lacan, *Le Séminaire,* livre V : *Les Formations de l'inconscient* (1957-1958), Paris, Seuil, 1998, p. 207-212 ; et *Le Séminaire,* livre VIII : *Le Transfert* (1960-1961), Paris, Seuil, 2001, nouv. éd. revue et corrigée, p. 163.

menacée par les ravages de la névrose. Autrement dit, selon lui, l'amour courtois place la femme dans une position équivalente à celle que l'amour homosexuel grec attribue au maître[1]. En conséquence, le désir pervers présent dans ces deux formes d'amour, où se nouent sublimation et sexualité, lui apparaît comme une inclination favorable à l'art, à la création et à l'invention de formes nouvelles du lien social.

Certes, Lacan reprenait à son compte la conception freudienne de la loi du père et du *logos* séparateur, mais il faisait de l'ordre symbolique une fonction du langage structurant le psychisme. Et s'il poursuivit l'entreprise freudienne de revalorisation de la fonction paternelle en faisant du concept de nom-du-père le signifiant de celle-ci, et de la famille le creuset presque « pervers » de la norme et de la transgression de la norme, jamais il n'adhéra au familialisme moral issu de Bonald ou de Maurras[2].

---

1. On trouve cette thèse dans René Nelli, *L'Érotique des troubadours*, Toulouse, Privat, 1984. L'amour courtois est toujours adultère, et il place la femme en position de maître idéal. Il ne saurait exister dans le mariage, où le mari, qui n'a pas été choisi, se comporte en tyran brutal.

2. Sur cette question, on se reportera au chapitre v du présent ouvrage : « Le patriarche mutilé ». La nomination paternelle, au sens où l'entend Lacan, n'est pas l'équivalent de la transmission du patronyme mais une reconnaissance symbolique. En conséquence, le concept de nom-du-père, même s'il a été inventé par Lacan à la suite de sa propre expérience difficile de la paternité, n'est pas invalidé du fait que l'enfant puisse hériter du patronyme de sa mère plutôt que de celui de son père, comme c'est le cas dans de nombreux pays, et en France depuis le vote de la loi du 8 février 2001. Mais il est vrai que ce bouleversement des règles françaises de la trans-

Quand les couples homosexuels français obtinrent en 1999, sous les quolibets et les injures de la droite parlementaire[1], une première reconnaissance légale de leur vie commune, certains psychanalystes lacaniens adoptèrent, comme leurs collègues de l'IPA, une position d'experts. Sans rien connaître des expériences américaines, ils se lancèrent dans une furieuse croisade contre ceux qu'ils accusaient d'être les adeptes d'une grande « désymbolisation » de l'ordre social, ou encore les responsables d'une nouvelle tentative d'effacement de la différence sexuelle[2]. Les imprécateurs étaient donc eux-mêmes psychanalystes, et c'est au nom de Freud et de sa doctrine qu'ils attribuaient aux homosexuels l'intention meurtrière autrefois attribuée aux femmes.

---

mission du nom a été ressenti, au moment où il est passé dans la loi, comme une nouvelle atteinte portée à la puissance patriarcale. Cf. *Le Monde*, 10 février 2001.

1. Le pacs fut voté le 15 novembre 1999. Cf. note 1 p. 7.
2. Cf. Gilbert Diatkine, « Identification d'un patient », *Revue française de psychanalyse,* 4, vol. LXII, 1999 ; César Botella, « L'homosexualité (s) : vicissitudes du narcissisme », *ibid.* ; et Jean-Pierre Winter, « Gare aux enfants symboliquement modifiés », *Le Monde des débats,* mars 2000. Par ailleurs, Simone Korf-Sausse compara les homosexuels à des clones incapables d'affronter autre chose que la « logique du même » dans *Libération* du 7 juillet 1999. Lors d'une émission télévisée de juin 2001 et d'une intervention à RTL du 21 juin, Charles Melman avança que les « enfants des couples homosexuels seraient des jouets en peluche destinés à satisfaire le narcissisme de leurs parents ». Impossible dans de telles conditions qu'une famille soit considérée comme « honorable ». Quant à la définition melmanienne de la famille dite « normale », elle se résumait à des propos de table : « J'entends par famille normale ce qui permet à l'enfant d'affronter de vraies difficultés. »

Pierre Legendre[1] fit partie de la cohorte.

Concepteur d'une anthropologie dogmatique, il voit dans les institutions judéo-chrétiennes des montages symboliques permettant aux hommes de lutter contre les ravages de la jouissance illimitée, de l'individu « sans tabou » et de l'enfant-roi. Aussi attribue-t-il à l'État démocratique moderne, héritier desdites institutions, le devoir d'imposer à ses sujets un ordre symbolique dont la fonction serait de sauvegarder les repères différenciés de l'homme et de la femme. Dans cette perspective, le père et la mère sont les images fondatrices de la société – et donc de la famille – instituées par le droit[2] : « Pensez aux initiatives prises par les homosexuels, déclara-t-il en 2001. Le petit épisode du pacs est révélateur de ce que l'État se dessaisit de ses fonctions de garant de la raison. Freud avait montré l'omniprésence du désir homosexuel comme effet de la bisexualité psychique [...]. Instituer l'homosexualité avec un statut familial, c'est mettre le principe démocratique au service du fantasme. C'est fatal, dans la mesure où le droit, fondé sur le principe généalogique, laisse la place à une logique hédoniste, héritière du nazisme[3]. »

Emporté par sa passion, Legendre semblait oublier

---

1. Psychanalyste, ancien membre de l'EFP et directeur d'études honoraire à l'École pratique des hautes études, V[e] section (sciences religieuses).

2. Pierre Legendre, *L'Inestimable Objet de la transmission. Étude sur les principes généalogiques en Occident,* Paris, Fayard, 1985.

3. Pierre Legendre, entretien avec Antoine Spire, *Le Monde*, 23 octobre 2001.

que les homosexuels avaient été exterminés par les nazis comme les « représentants d'une race inférieure et dégénérée[1] ». Mais surtout, il ne se réclamait du geste freudien et lacanien, caractérisé par la dévolution de l'ancienne souveraineté du père à un ordre du désir et de la loi, que pour en inverser le mouvement, brandissant l'ordre symbolique comme le spectre d'une possible restauration de l'autorité patriarchique.

Comment ne pas voir dans cette *furia* psychanalytique de la fin du deuxième millénaire, sinon l'annonce de son agonie conceptuelle, du moins le signe de l'incapacité de ses représentants à penser le mouvement de l'histoire ?

Au-delà du ridicule des croisades, des expertises et des préjugés, il faudra bien admettre un jour que les enfants de parents homosexuels portent, comme d'autres, mais beaucoup plus que d'autres, la trace singulière d'un destin difficile. Et il faudra bien admettre aussi que les parents homosexuels sont différents des autres parents. C'est pourquoi notre société doit accepter qu'ils existent *tels qu'ils sont*. Elle doit leur accorder les mêmes droits qu'aux autres parents, mais aussi leur réclamer les mêmes devoirs. Et ce n'est pas en se contraignant à être « normaux » que les homosexuels parviendront à prouver leur aptitude à élever leurs enfants. Car en cherchant à convaincre ceux qui les entourent que jamais leurs enfants ne deviendront

---

[1]. Aujourd'hui, ils sont assassinés en Arabie Saoudite, martyrisés en Égypte et injuriés par des polygames islamistes qui les jugent responsables d'un abaissement des valeurs viriles de l'Occident.

homosexuels, ils risquent de leur donner d'eux-mêmes une image désastreuse.

Tous les parents ont le désir que leurs enfants soient à la fois identiques à eux et différents. D'où une situation inextricable dans laquelle la révolte et la séparation sont aussi nécessaires que l'adhésion à des valeurs communes, voire à une certaine nostalgie d'un passé idéalisé. En conséquence, les enfants héritent dans leur inconscient de l'enfance de leurs parents, de leur désir et de leur histoire autant que d'une différence sexuelle. Et quand ils ont été adoptés ou sont issus d'une procréation assistée, qui dissocie la reproduction biologique de l'acte sexuel et de la parenté sociale, ils ne sortent jamais indemnes des perturbations liées à leur naissance. Et c'est d'ailleurs bien pour se donner l'illusion d'une possible éradication de cette dissociation que l'ordre social a toujours cherché à masquer les origines de ceux qui avaient subi de tels désordres.

L'enfance des homosexuels occidentaux du XXe siècle fut mélancolique. Il y eut d'abord, dès le plus jeune âge, le sentiment d'appartenir à une autre race. Il y eut ensuite la terrible certitude que l'inclination maudite ne pourrait jamais être réprimée. Il y eut enfin la nécessité de l'aveu, l'obligation de dire à des parents incrédules, et parfois violemment hostiles, qu'ils avaient engendré un être sans avenir, voué à une sexualité honteuse et sauvage, et surtout incapable de leur offrir une descendance. De peur de décevoir, ou de ne pas être à la hauteur des espérances que l'on avait projetées sur eux, nombreux furent ceux qui se haïrent eux-mêmes, cherchant dans le suicide ou le semblant la fin de leur calvaire ou, dans l'anonymat des villes, la fierté d'exister pour une *autre famille* : celle de la culture gay[1].

C'est alors que le sida décima toute une génération, née entre 1945 et 1960, au moment même où elle finissait de conquérir sa liberté[2]. Et c'est alors qu'émergea de façon beaucoup plus massive, notamment pour les hommes, le désir d'engendrer et de transmettre une histoire. A cet égard, les homosexuels s'adaptèrent à la structure familiale de leur époque, une structure déconstruite, médicalisée, éclatée, expertisée, livrée à la puissance maternelle, et qui, déjà, avait échappé à l'ancienne autorité patriarcale que l'on cherchait pourtant vainement, non pas à revaloriser, mais à rétablir en la faisant passer pour la quintessence d'un ordre symbolique immuable.

Faudrait-il donc qu'en devenant parents les homosexuels d'aujourd'hui se mettent à effacer de leur mémoire les traces de ces souffrances afin que leurs enfants n'en héritent pas ? Faudrait-il qu'ils rejettent leur inclination sexuelle et les révoltes de leur jeunesse pour ne pas les donner en exemple à des enfants sommés de ne jamais leur ressembler ? Plutôt que d'obéir à une telle injonction, on peut penser qu'il est préférable pour chacun d'être parent avec son histoire, avec son inconscient.

---

1. Cf. Didier Éribon, *Réflexions sur la question gay, op. cit.*, notamment le chapitre intitulé « Famille et mélancolie ».

2. Quarante mille morts en France en vingt ans (1982-2002), vingt-cinq millions dans le monde. Cf. Michaël Polak, *Les Homosexuels et le sida,* Paris, A.-M. Métailié, 1988 ; et François Pommier, *La Psychanalyse à l'épreuve du sida,* Paris, Aubier, 1996.

Quel sera finalement le devenir de la famille ?

A ceux qui redoutent, une fois encore, sa destruction ou sa dissolution, on objectera que la famille contemporaine, horizontale et en « réseaux », se porte plutôt bien et assure correctement la reproduction des générations. Ainsi la légalisation de l'avortement n'a-t-elle pas conduit à l'apocalypse tant annoncée par ceux qui regardaient ses partisans comme des assassins du genre humain.

Dépouillé des parures de son ancienne sacralité, le mariage, en constant déclin, est devenu un mode de conjugalité affective par lequel des conjoints – qui parfois choisissent de ne pas être parents – se protègent des éventuels méfaits de leurs familles respectives ou des désordres du monde extérieur. Il est tardif, réfléchi, festif ou utile, et souvent précédé d'une période d'union libre, de concubinage ou d'expériences multiples de vie commune ou solitaire.

De plus en plus souvent conçus hors des liens matrimoniaux, les enfants assistent, une fois sur trois, aux noces de leurs parents, désormais unis, non pas pour la durée d'une vie, mais, dans plus d'un tiers des cas, pour une période aléatoire qui s'achèvera par un divorce – consenti, passionnel ou conflictuel –, et, pour les femmes, par une situation dite « monoparentale ». Car ce sont elles qui subissent d'abord les conséquences des ruptures qu'elles mettent en acte aujourd'hui, plus souvent que les hommes. La puissance des mères est à double tranchant[1].

---

1. Pour la France, les enquêtes montrent que le mariage est en constant déclin depuis un quart de siècle. On assiste néanmoins

Aux utopistes qui croient que la procréation sera un jour à ce point différenciée de l'acte charnel que les enfants seront fécondés hors du corps de la mère biologique, dans un utérus d'emprunt et à l'aide d'une semence qui ne sera plus celle du père, on rétorquera qu'au-delà de toutes les distinctions que l'on peut faire entre le genre et le sexe, le maternel et le féminin, la sexualité psychique et le corps biologique, le désir d'enfant aura toujours quelque chose à voir avec la différence des sexes. En témoignent les déclarations des homosexuels qui ressentent la nécessité de donner aux enfants qu'ils élèvent une représentation réelle de la différence sexuelle, et pas seulement deux mères dont l'une jouerait un rôle de père, ou deux pères dont l'un se déguiserait en mère.

Enfin, aux pessimistes qui pensent que la civilisation risque d'être engloutie par des clones, des barbares bisexuels ou des délinquants de banlieue, conçus par des pères hagards et des mères en errance, on fera remarquer que ces désordres ne sont pas nouveaux

---

aujourd'hui à une certaine stabilisation. En 2000, 304 300 mariages ont été célébrés. Le divorce continue de progresser, et une proportion toujours plus grande de la population naît dans des familles recomposées. A Paris, il y a plus de foyers solitaires que de foyers familiaux. Sur 29,6 millions de personnes vivant en couple, 4,8 millions ne sont pas mariés. Jusqu'à vingt-six ans pour les femmes et vingt-huit pour les hommes, les cohabitants dépassent en nombre les mariés. Le pacs a eu un succès important, aussi bien auprès des homosexuels que des hétérosexuels : 29 855 ont été signés en 2000. Entre 1990 et 2000, le nombre des foyers monoparentaux est passé de 1,2 million à 1,7. Les familles monoparentales représentent 16 % des foyers avec enfants. Cf. *Le Monde*, 10 février 2001.

– même s'ils se manifestent de façon inédite –, et surtout qu'ils n'empêchent pas la famille d'être aujourd'hui revendiquée comme la seule valeur sûre à laquelle personne ne peut ni ne veut renoncer. Elle est aimée, rêvée et désirée par les hommes, les femmes et les enfants de tous âges, de toutes orientations sexuelles et de toutes conditions[1].

Il est évident pourtant que le principe même de l'autorité – et du *logos* séparateur – sur lequel elle a toujours été fondée est aujourd'hui en crise au sein de la société occidentale. D'un côté, ce principe s'oppose, par l'affirmation majestueuse de sa souveraineté déchue, à la réalité d'un monde unifié qui efface les frontières et condamne l'être humain à l'horizontalité d'une économie marchande de plus en plus dévastatrice, mais de l'autre, il incite sans cesse à restaurer, dans la société, la figure perdue de Dieu le père sous la forme d'une tyrannie. Confrontée à ce double mouvement, la famille apparaît comme seule capable, pour le sujet, d'assumer ce conflit et de favoriser l'émergence d'un nouvel ordre symbolique.

C'est pourquoi elle suscite un tel désir aujourd'hui, face au grand cimetière de références patriarchiques désaffectées[2] que sont l'armée, l'Église, la nation, la patrie, le parti. Du fond de sa détresse, elle paraît en mesure de devenir un lieu de résistance à la tribalisation organique de la société mondialisée. Et elle y par-

---

1. Toutes les enquêtes sociologiques le montrent.
2. Selon l'expression d'André Burguière dans un texte inédit de 2002 intitulé « Où va la famille ? », qui sert de présentation aux XIIes rencontres du CNRS d'octobre 2002 sur ce thème.

viendra sans doute, à condition toutefois qu'elle sache maintenir, comme un principe fondateur, l'équilibre entre l'un et le multiple dont tout sujet a besoin pour construire son identité.

La famille à venir doit être une nouvelle fois réinventée.

Postface

Depuis la parution de ce livre en 2002, la famille est plus que jamais pensée à la fois comme l'ultime refuge des plus grandes valeurs de la morale civilisée et comme le lieu de tous les dangers. N'étant plus contestée mais désirée par ceux-là mêmes qui voulaient la détruire, elle semble être devenue l'enjeu de toutes les convoitises : des plus réactionnaires aux plus libertaires

Si les dépositaires de l'ancien ordre patriarcal ne cessent de fustiger les nouvelles formes d'organisation de la procréation et de la parenté, ils n'ont pas réussi à imposer une réglementation visant à interdire les unions du même sexe et le droit des homosexuels à devenir parents. Bien au contraire. Plus les idéaux de la démocratie progressent, plus les différentes manières de « faire famille » sont reconnues par les États, d'autant que dans le monde occidental, et en Europe notamment, les naissances ne sont pas assez nombreuses pour compenser le vieillissement de la population. Dès lors, tous ceux qui s'y opposent risquent d'apparaître comme les gardiens d'un système social de plus en plus frappé d'obsolescence.

Quand Freud élabora ses théories, il n'imaginait pas que l'on pût dissocier à ce point la procréation du désir sexuel. Et il n'était pas loin de penser que la civilisation s'y opposerait, alors même qu'il avait été le premier à poser les bases de cette différenciation. Aujourd'hui, il serait fasciné par ce qui se passe et ne chercherait pas, comme bon nombre de ses héritiers, à brandir, contre la modernité, la sacro-sainte différence des sexes ni à la transformer en bâton de gendarme visant à interdire une réalité.

Car il est bien évident qu'à partir du moment où l'acte procréatif a été dissocié de la sexualité, toutes les formes de fécondation rendues possibles par les progrès de la science et de la technique sont devenues désirables. A condition toutefois que la loi s'en mêle et que soient définis, s'agissant du corps biologique, ce qui est permis et ce qui ne l'est pas, ce qui est licite et ce qui est illicite, ce que sont les droits des sujets et leurs devoirs.

C'est ainsi qu'est apparue, d'abord de façon souterraine au milieu des années 1980, puis au grand jour, vingt ans plus tard, la question de la maternité de substitution, dite encore gestation pour autrui (GPA). Je l'ai abordée au dernier chapitre de ce livre en montrant que plus se développait l'IAD, plus le père devenait « certain » (*certus*) grâce à la multiplication des tests d'ADN, et plus la mère devenait « incertaine » (*incerta*) à mesure que pouvait se développer le don d'ovocytes.

Une chose est le don de semence masculine qui ne suppose, en tant que tel, aucun acte de paternité affective ou symbolique, autre chose est le don d'ovocytes qui implique l'existence de deux mères réelles : une mère gestatrice, une mère d'intention. La première porte l'enfant en acceptant d'être inséminée par le sperme de l'époux d'une autre femme infertile ou par le sperme d'un donneur quand l'époux de celle-ci est lui aussi infertile, ou encore grâce à l'ovocyte d'une donneuse ; l'autre est la femme infertile qui, à la naissance de l'enfant, est juridiquement reconnue comme la mère de celui-ci.

Le statut de la mère porteuse – quelles que soient les modalités de l'acte de procréation – n'est donc pas identique à celui du géniteur donneur de semence, lequel ne porte rien et ne participe pas à la gestation d'un enfant. Un trait les unit cependant : le donneur et la mère porteuse ont le sentiment de sauver, sinon une vie (comme dans le cas d'un don d'organe), du moins une existence. On sait en effet que pour les couples infertiles, le désir d'enfant ne peut guère être éradiqué.

Autorisée dans plusieurs pays – Canada, Danemark, Belgique, Grèce, Australie, États-Unis, Inde, Royaume-Uni[1], Israël[2] –, la GPA, qui suppose une intervention médicale, a toujours été réglementée au travers de différentes associations, lesquelles ont élaboré, au cours des années, de nombreux protocoles permettant d'évi-

---

1. Depuis 2008, la loi anglaise autorise les couples homosexuels à avoir recours à la GPA.
2. On trouvera une analyse lumineuse des différentes modalités juridiques de la GPA dans : Geneviève Delaisi de Parseval et Valérie Depadt-Sebag, *Accès à la parenté. Assistance médicale à la procréation et adoption*, Terra Nova, 2010. J'ai moi-même pris parti, comme Élisabeth Badinter, en faveur d'une réglementation de la GPA, destinée à éviter les pratiques sauvages : exploitation de jeunes filles réduites à vendre leur corps, mères portant l'enfant de leurs filles, etc. (Cf. *Le Monde*, 31 mars 2009.)

ter qu'elle ne devienne un métier pour des jeunes filles d'origine modeste. En général, seules les femmes déjà mères[1] sont choisies comme gestatrices et elles ne sont rémunérées que pour la durée de la grossesse au titre d'un dédommagement qui correspond à une sorte de congé de maternité. Par ailleurs, l'inceste est partout prohibé : une mère ne peut en aucun cas porter l'enfant de sa fille, même si, parfois, une sœur y est autorisée. Enfin, les associations se chargent d'organiser les rencontres entre la mère d'intention et la gestatrice, ainsi qu'entre les différents membres de la famille. Une fois né, l'enfant doit être légalement adopté par la famille à laquelle il est confié, ce qui revient à faire de la GPA à la fois un acte de procréation confié à la médecine et un processus d'adoption relevant de la loi et donc d'une réglementation juridique.

On ne s'étonnera pas qu'en France le débat ait pris, en 2009, une tournure polémique. Comme à propos du pacs ou de l'homoparentalité, les opposants – psychanalystes, pédiatres, philosophes, etc. – ont vu dans la GPA une nouvelle atteinte, non seulement à ce qu'ils croient être l'ordre symbolique, mais aussi et surtout à l'ordre maternel : comme si, à leurs yeux, le désir de maternité ne pouvait en aucun cas être dissocié d'un phénomène biologique, comme si la « vraie » mère – ou la « seule » mère – ne pouvait être que celle qui a réellement porté l'enfant. Thèse singulièrement réductrice puisqu'elle laisse entendre qu'un enfant ne serait, finalement, que le produit de ses gènes ou des affects

---

1. Cette disposition existe également pour les donneurs de sperme : « Le donneur doit avoir procréé. »

qu'une femme lui aurait transmis au cours de la grossesse.

C'est ainsi qu'ont été fustigés les « ventres de location » et les « utérus marchandisés » au point qu'aucune réglementation n'a pu être adoptée[1]. N'en doutons point : ces invectives doivent être interprétées comme le symptôme d'une résistance à la perpétuation d'un devenir de la famille, qui semble d'autant plus solide qu'il s'appuie sur la déconstruction permanente d'un modèle aussi infini que celui de l'humanité même.

---

[1]. Parmi les opposants les plus farouches, on trouve, outre de nombreux psychanalystes, la philosophe Sylviane Agacinski (*Corps en miettes*, Paris, Flammarion, 2009).

Table

Avant-propos 7
1. Dieu le père 15
2. L'irruption du féminin 43
3. Qui a tué le père ? 57
4. Le fils coupable 81
5. Le patriarche mutilé 107
6. Les femmes ont un sexe 141
7. La puissance des mères 181
8. La famille à venir 221
Postface 245

Du même auteur :

UN DISCOURS AU RÉEL, Mame, 1973.

L'INCONSCIENT ET SES LETTRES, Mame, 1975.

POUR UNE POLITIQUE DE LA PSYCHANALYSE, Maspero, 1977.

LA PSYCHANALYSE MÈRE ET CHIENNE, en collaboration avec Henri Deluy, UGE, coll. « 10/18 », 1979.

« Céline et Semmelweis : la médecine, le délire et la mort », dans LES PSYCHANALYSTES PARLENT DE LA MORT, Tchou, 1979.

LES MAÎTRES DE LA LANGUE, en collaboration avec Yvan Mignod, Jean-Marc Gayman et Françoise Gadet, Maspero, 1979.

THÉROIGNE DE MÉRICOURT. UNE FEMME MÉLANCOLIQUE SOUS LA RÉVOLUTION, Seuil, 1989.

PENSER LA FOLIE. ESSAIS SUR MICHEL FOUCAULT, en collaboration avec Georges Canguilhem, Jacques Postel, François Bing, Arlette Farge, Claude Quétel, Agostino Pirella, René Major et Jacques Derrida, Galilée, 1992.

JACQUES LACAN. ESQUISSE D'UNE VIE, HISTOIRE D'UN SYSTÈME DE PENSÉE, Fayard, 1993.

HISTOIRE DE LA PSYCHANALYSE EN FRANCE, vol. I (1982, 1986), vol. II (1986), Fayard, 1994.

GÉNÉALOGIES, Fayard, 1994.

DICTIONNAIRE DE LA PSYCHANALYSE, en collaboration avec Michel Plon, Fayard, 1997.

POURQUOI LA PSYCHANALYSE ?, Fayard, 1999.

AU-DELÀ DU CONSCIENT, en collaboration avec Jean-Pierre Bourgeron et Pierre Morel, Hazan, 2000.

L'ANALYSE, L'ARCHIVE, Bibliothèque nationale de France/Seuil, 2001.

DE QUOI DEMAIN... DIALOGUE, en collaboration avec Jacques Derrida, Fayard, 2001.

LE PATIENT, LE THÉRAPEUTE ET L'ÉTAT, Fayard, 2004.

PHILOSOPHES DANS LA TOURMENTE, Fayard, 2004.

LA PART OBSCURE DE NOUS-MÊMES : UNE HISTOIRE DES PERVERS, Albin Michel, 2007.

RETOUR SUR LA QUESTION JUIVE, Albin Michel, 2009.

MAIS POURQUOI TANT DE HAINE ?, Seuil, 2010.

Composition par *JOUVE* – 45770 Saran

Achevé d'imprimer en octobre 2010 en Espagne par
LITOGRAFIA ROSÉS S.A.
08850 Gavá
Dépôt légal 1re publication : novembre 2010
Librairie Générale Française
31, rue de Fleurus – 75278 Paris Cedex 06